21世纪大学俄语系列教材
"十二五"普通高等教育本科国家级规划教材
本套教材荣获第二届中国大学出版社图书奖优秀教材一等奖

博雅

黑龙江大学俄语学院 编
总主编 邓军 赵为

Русский язык 1

俄语 1

（第2版）

本册主编 荣 洁
编　者 荣 洁　赵 为　Р. В. Фастовщук

北京大学出版社
PEKING UNIVERSITY PRESS

图书在版编目(CIP)数据

俄语 1/荣洁主编. —2版. —北京：北京大学出版社，2014.2
(21世纪大学俄语系列教材)
ISBN 978-7-301-23185-2

Ⅰ. ①俄… Ⅱ. ①荣… Ⅲ. 俄语—高等学校—教材 Ⅳ. H35

中国版本图书馆CIP数据核字(2013)第212202号

书　　　名：	俄语1（第2版）
著作责任者：	荣　洁　主编
责 任 编 辑：	李　哲
标 准 书 号：	ISBN 978-7-301-23185-2/H·3397
出 版 发 行：	北京大学出版社
地　　　址：	北京市海淀区成府路205号　100871
网　　　址：	http://www.pup.cn　新浪官方微博:@北京大学出版社
电 子 信 箱：	编辑部 pupwaiwen@pup.cn　总编室 zpup@pup.cn
电　　　话：	邮购部 010-62752015　发行部 010-62750672　编辑部 010-62759634　出版部 010-62754962
印 刷 者：	北京宏伟双华印刷有限公司
经 销 者：	新华书店
	787毫米×1092毫米　16开本　11印张　260千字
	2008年5月第1版
	2014年2月第2版　2025年 7月第10次印刷
定　　　价：	58.00元

未经许可，不得以任何方式复制或抄袭本书之部分或全部内容。
版权所有，侵权必究
举报电话：010-62752024　电子信箱：fd@pup.cn

总 序

黑龙江大学俄语学院在长达七十余年的俄语教学传承中,形成了一套以语法为纲、突出交际、兼顾俄罗斯国情的经典教学方法。几代教师秉承这一教学理念,先后编写出版了数套俄语教材,供国内众多高校俄语专业的师生使用,为国家培养俄语高级人才奉献了自己的经验与才智。

2007年,黑龙江大学俄语学院集全院经验丰富的一线教师之力,开始编写普通高等教育"十一五"国家级规划教材《俄语》(全新版),自2008年起各册先后出版。2012年,根据教学实际的需要,编者对本套教材开展了第一次全面的修订工作。

《俄语》(第2版)(共8册)延续了《俄语》(全新版)的编写原则和理念,在总结数年的教学经验基础上,依旧遵循面向低起点的学生,秉承语法为纲这一教学理念,从语音导论开始,至篇章研习结束,根据教学需要引入不同题材、体裁的篇章,突出俄罗斯当代国情。每课结合语法选配内容,培养学习者的言语与交际技能。基础阶段以教学语法为基础,提高阶段以功能语法为纲。本套教材力求符合《高等学校俄语专业教学大纲》规定的各项要求,兼顾俄语教师和学生对理想教材的需要。

本次修订,教材的编者在保障常用词汇、句型、结构的基础上,精简了教学和部分词汇,压缩了课后练习的总量。

本套教材分为8册,配有光盘、电子课件等相关出版物。其中1~4册供基础阶段教学使用,5~8册供提高阶段使用。

本套教材为教育部批准的普通高等教育"十一五"国家级规划教材,其编写和修订过程中得到了众多专家的大力支持,教材使用者为我们提供了宝贵的反馈意见和建议,在此,一并深表感谢!

邓 军 赵 为
2014年1月

前言

《俄语》(第2版)第一册的学习对象是俄语专业零起点的大学生,供第一学年第一学期使用。俄语专业自考生和俄语爱好者也可以使用本教材。

本册书由语音导论课部分和基础课部分组成。

导论课部分共有12课,授课时间五至六周,主要任务是学习俄语语音、语调、拼读、书写等规则,并能进行简单的日常对话。

基础课部分共9课以及2个总复习。每课由语法、言语范句、问题与回答、对话、课文、课后练习六部分组成。言语范句部分旨在加强对语法内容的训练;问题与回答部分既用于语法训练,也用于词汇、对话能力的训练;对话部分重点在对话能力的训练上;课文部分旨在进一步扩大交际情景、句型和词语的范围,培养学生的连贯话语能力;课后练习部分是对本课内容的全面检查,是针对语法、词汇、句型等的系统训练。

导论课中必须掌握生词表中的词、词组、句子。导论课、基础课中主要有两类注释:对语法难点的注释;对人名、地名等专有名词的注释。

本册主编荣洁,编者赵为、Фастовщук Р. В.。参加本书部分工作的有赵洁、何文丽、赵梦雪。邓军、Севастянова Т. А.对本书进行了审阅。

编 者

2013年12月

目录

字母表 1

ВВОДНО-ФОНЕТИЧЕСКИЙ КУРС
语音导论课

УРОК 1 3
I. 元音[а],[у],[о] 3
II. 辅音[м],[н],[к],[т],[п] 4
III. 音节和重音 5
IV. 字母的书写 5

УРОК 2 7
I. 元音[э],[ы] 7
II. 辅音[г],[д],[б] 7
III. 浊辅音在词末尾的清化 8
IV. 元音[а],[о]的弱化 8
V. 字母的连写 9

УРОК 3 11
I. 元音[и] 11
II. 辅音[с],[ф],[х],[в],[з] 11
III. 语调 调型1 12
IV. 移行规则(1) 13

УРОК 4 15
I. 辅音[j] 15
II. 元音字母[я],[ё],[ю],[е] 16
III. 硬辅音和软辅音 16
IV. 辅音[м'],[н'],[к'] 16
V. 软音符号ь和硬音符号ъ 17
VI. 移行规则(2) 18

УРОК 5 20
I. 硬辅音[ш],[ж],[ц] 20
II. 软辅音[с'],[ф'],[т'],[п'] 21
III. 前置词和后面词的连读 22
IV. 词的节律 语段 22
V. 调型2(1) 23

УРОК 6 25
I. 硬辅音[р] 25

II. 软辅音后〔a〕,〔э〕的弱化 ········· 26
III. 清、浊辅音的对应 ············· 26
IV. 清、浊辅音的同化 ············· 27
V. 调型2(2) ················· 27

УРОК 7 ··················· 30
I. 软辅音〔г'〕,〔д'〕,〔б'〕,〔в'〕,〔з'〕 ····· 30
II. 某些辅音音组的读法(1) ········· 31
III. 调型3(1) ················· 32
IV. 调型中心位置的改变 ··········· 33

УРОК 8 ··················· 35
I. 软辅音〔ч'〕,〔ш'〕,〔р'〕,〔х'〕 ······· 35
II. 某些辅音音组的读法(2) ········· 36
III. 辅音〔л〕,〔л'〕 ·············· 37
IV. 调型3(2) ················· 37

УРОК 9 ··················· 40
I. 元音〔a〕,〔o〕,〔э〕在辅音〔ж〕,〔ш〕,〔ц〕后的弱化 ··· 40
II. 带или的选择疑问句语调 ········· 41
III. 调型4(1) ················· 42

УРОК 10 ·················· 44
I. 调型4(2) ················· 44
II. 未完结语调和完结语调 ·········· 44
III. 俄罗斯人的名字和父称的读音特点 ····· 45
IV. 俄语的词类 ················ 46

УРОК 11 ·················· 49
I. 列举语调和对别语调 ············ 49
II. 语音小结 ················· 50
III. 名词的性 ················· 51

УРОК 12 ·················· 54
I. 部分外来词的读法 ············· 54
II. 语调小结 ················· 55
III. 形容词的性和复数 ············ 57

ОСНОВНОЙ КУРС
基础课

УРОК 1 (ПЕРВЫЙ) ············· 61
ГРАММАТИКА ················ 61

I. 名词的复数	**61**
II. 人称代词	**62**
III. 代词的性、复数	**62**
ТЕКСТ	**66**
Наш университе́т	**66**

УРОК 2 (ВТОРОЙ) — **71**
ГРАММАТИКА — **71**
   I. 主语和谓语 — **71**
   II. 动词的现在时 — **72**
   III. 动词第一式变位 — **72**
   Ⅳ. 定语 — **72**
   Ⅴ. 副词 — **73**
ТЕКСТ — **75**
   На́ша семья́ — **75**

УРОК 3 (ТРЕТИЙ) — **80**
ГРАММАТИКА — **80**
   I. 动词第二式变位 — **80**
   II. 不规则变化动词 — **81**
   III. 名词单数第六格 — **81**
   IV. 前置词 о 及 в, на（1） — **82**
ТЕКСТ — **86**
   На заня́тиях — **86**

УРОК 4 (ЧЕТВЁРТЫЙ) — **91**
ГРАММАТИКА — **91**
   I. 名词复数第六格 — **91**
   II. 疑问代词 како́й 和形容词的单数、复数第六格 — **92**
   III. 疑问代词 чей 和物主代词的单数、复数第六格 — **92**
   Ⅳ. 限定代词和指示代词的单数、复数第六格 — **93**
   Ⅴ. 人称代词第六格 — **93**
   Ⅵ. 动词的过去时 — **93**
ТЕКСТ — **97**
   В гости́нице — **97**

ПОВТОРЕНИЕ I — **102**

УРОК 5 (ПЯТЫЙ) — **107**
ГРАММАТИКА — **107**
   I. 及物动词和不及物动词 — **107**
   II. 补语 — **107**
   III. 阴性名词单数第四格 — **108**

Ⅳ. 形容词、代词阴性单数第四格 ·· 108
　　Ⅴ. 前置词в, на (2) ··· 109
　ТЕКСТ ·· 111
　　Времена́ го́да ·· 111

УРОК 6 (ШЕСТОЙ) 116
ГРАММАТИКА 116
　　Ⅰ. 动物名词和非动物名词 ·· 116
　　Ⅱ. 阳性、中性名词单数第四格 ·· 116
　　Ⅲ. 形容词、代词的阳性、中性单数第四格 ······································· 117
　　Ⅳ. 人称代词第四格 ·· 118
　　Ⅴ. 俄罗斯人的姓和名的第四格 ·· 118
　ТЕКСТ ·· 120
　　Мой день ··· 120

УРОК 7 (СЕДЬМОЙ) 125
ГРАММАТИКА 125
　　Ⅰ. 未完成体动词将来时 ·· 125
　　Ⅱ. 动词быть的现在时、过去时和将来时 ··· 126
　　Ⅲ. 状语 ·· 126
　ТЕКСТ ·· 129
　　Хо́бби ·· 129

УРОК 8 (ВОСЬМОЙ) 135
ГРАММАТИКА 135
　　Ⅰ. 名词复数第四格 ·· 135
　　Ⅱ. 形容词、代词复数第四格 ··· 136
　　Ⅲ. 与第四格连用的前置词 ·· 137
　ТЕКСТ ·· 140
　　Го́род Харби́н ··· 140

УРОК 9 (ДЕВЯТЫЙ) 145
ГРАММАТИКА 145
　　Ⅰ. 名词、形容词、代词单数第二格 ·· 145
　　Ⅱ. 第二格的用法（1） ··· 147
　　Ⅲ. 要求二格的前置词 ·· 148
　ТЕКСТ ·· 151
　　Пра́здник Весны́ ··· 151

ПОВТОРЕНИЕ Ⅱ 156

生词表 161

字 母 表

АЛФАВИТ

Печатная буква	Письменная буква	Название буквы	Печатная буква	Письменная буква	Название буквы
А а	*Аа*	а	П п	*Пп*	пэ
Б б	*Бб*	бэ	Р р	*Рр*	эр
В в	*Вв*	вэ	С с	*Сс*	эс
Г г	*Гг*	гэ	Т т	*Тт*	тэ
Д д	*Дд*	дэ	У у	*Уу*	у
Е е	*Ее*	е	Ф ф	*Фф*	эф
Ё ё	*Ёё*	ё	Х х	*Хх*	ха
Ж ж	*Жж*	жэ	Ц ц	*Цц*	цэ
З з	*Зз*	зэ	Ч ч	*Чч*	чэ
И и	*Ии*	и	Ш ш	*Шш*	ша
Й й*	*Йй*	й (и кра́ткое)	Щ щ	*Щщ*	ща
			ъ*	*ъ*	твёрдый знак
К к	*Кк*	ка	ы*	*ы*	ы
Л л	*Лл*	эл(эль)	ь*	*ь*	мя́гкий знак
М м	*Мм*	эм			
Н н	*Нн*	эн	Э э	*Ээ*	э
О о	*Оо*	о	Ю ю	*Юю*	ю
			Я я	*Яя*	я

* В начале слова не употребляется.

УРОК 1

- I. 元音 [a], [y], [o]
- II. 辅音 [м], [н], [к], [т], [п]
- III. 音节和重音
- IV. 字母的书写

俄语的音分为元音和辅音。发元音时声带振动。俄语中的辅音分清辅音和浊辅音。发辅音时，气流在口腔中受阻碍，气流较强。发音时，声带不振动的辅音是清辅音，声带振动的辅音是浊辅音。俄语中清、浊辅音大部分是相对应的。俄语的音和字母是两个截然不同的概念，要严格加以区分。俄语中共有33个字母(见《字母表》)。

I. 元音 [a], [y], [o]

元音 [a] 的发音动作：口张得比较大，双唇自然舒展，与汉语的 «a» 基本相同。

元音 [y] 的发音动作：整个舌体向后收缩，舌尖下垂并远离下齿背，后舌部向软腭高高抬起，双唇前伸圆撮。

元音 [o] 的发音动作：双唇圆撮前伸，口张开的程度比 [y] 大，比 [a] 小。(注意：不要将俄语的 [o] 发成汉语的 «ou» 或 «wo»。)

Упражнение 1. 听录音并跟读。

a — a — a, o — o — o, y — y — y
a — o — y, y — o — a, a — y — o
a — y, y — a, a — o, o — a, y — o, o — y

听录音请扫二维码

II. 辅音 [м], [н], [к], [т], [п]

辅音〔м〕是浊辅音。其发音与汉语的«m»("妈"«ma»中的声母)近似。

Упражнение 2. 听录音并跟读。

> ма, мо, му, ам, ом, ум
> ма — ам, мо — ом, му — ум
> ма — мо — му, мо — ма — му
> му — мо — ма, мам — мом — мум

辅音〔н〕是浊辅音。其发音与汉语的«n»("拿"«na»中的声母)相近。发〔н〕时,舌头依傍下齿,前舌顶住上齿和上齿龈。

Упражнение 3. 听录音并跟读。

> на, но, ну, ан, он, ун
> на — ан, но — он, ну — ун, на — но — ну
> но — на — ну, ну — но — на, нан — нон — нун

辅音〔к〕是清辅音。发〔к〕音时,不要发成汉语的«k»("科"«ke»中的声母)。成阻部位要偏高。
注意:〔к〕位于元音前时不吐气。

Упражнение 4. 听录音并跟读。

> ка, ко, ку, ак, ок, ук
> ка — ак, ко — ок, ку — ук, ка — ко
> ко — ка — ку, ку — ко — ка, как — кок — кук

辅音〔т〕是清辅音。〔т〕的发音与汉语«t»("他"«ta»中的声母)相近,但声带不振动。发〔т〕时,舌尖依傍下齿,前舌顶住上齿和上齿龈。

Упражнение 5. 听录音并跟读。

> та, то, ту, ат, от, ут
> та — ат, то — от, ту — ут
> та — то — ту, то — та — ту
> ту — то — та, там — тот — тут

辅音〔п〕是清辅音。发音时,双唇闭合,构成阻塞,当气流冲出时,双唇立即张开,形成爆破音。

Упражнение 6. 听录音并跟读。

> па, по, пу, ап, оп, уп
> па — ап, по — оп, пу — уп

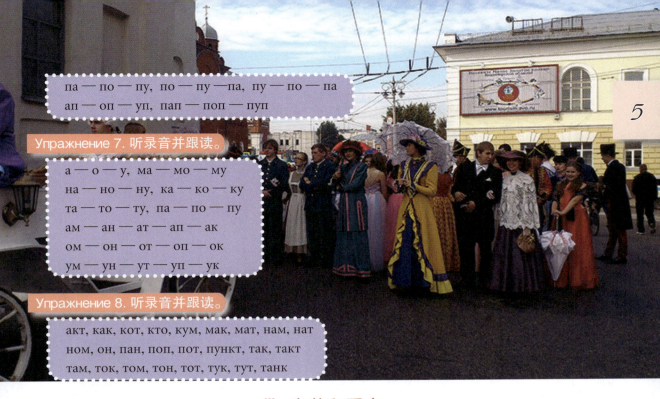

па — по — пу, по — пу — па, пу — по — па
ап — оп — уп, пап — поп — пуп

Упражнение 7. 听录音并跟读。

а — о — у, ма — мо — му
на — но — ну, ка — ко — ку
та — то — ту, па — по — пу
ам — ан — ат — ап — ак
ом — он — от — оп — ок
ум — ун — ут — уп — ук

Упражнение 8. 听录音并跟读。

акт, как, кот, кто, кум, мак, мат, нам, нат
ном, он, пан, поп, пот, пункт, так, такт
там, ток, том, тон, тот, тук, тут, танк

III. 音节和重音

任何一个音节一定包括一个元音。一个元音可以单独构成一个音节，也可以和一个或几个辅音一起构成一个音节，一个词有几个元音，就有几个音节，例如：а, та, он, там, а-ý, му-ká。

多音节词发音时，使某音节发长音的语音手段，称作重音。带有重音的音节叫重读音节。重读音节里的元音发得清晰、比较长，非重读音节里的元音发得比较弱、比较短。

Упражнение 9. 听录音并划分音节，注意重音的位置。

кумá, мáму, мукá, пáпу, тумáн

IV. 字母的书写

书写俄文字母时，有大、小写之分。专有名词的第一个字母要大写，句首的字母要大写。

Упражнение 10. 临摹字帖。

Аа Оо Уу Мм Нн Кк
Тт Пп

НОВЫЕ СЛОВА (生词)

но 但是   как 怎么样   кто 谁   он 他
так 这样   там 在那儿   тот 那个   тут 在这儿

ЗАДАНИЯ

A. 练习。

听 Упражнéния 1～9 的录音并跟读。

B. 思考题。

1. 俄语中共有多少个字母？
2. 清辅音和浊辅音的主要区别是什么？
3. 发元音〔o〕应该注意什么？
4. 一个音节里有几个元音？
5. 带重音的音节一定要重读吗？
6. 专有名词和句首的第一个字母一定要大写吗？

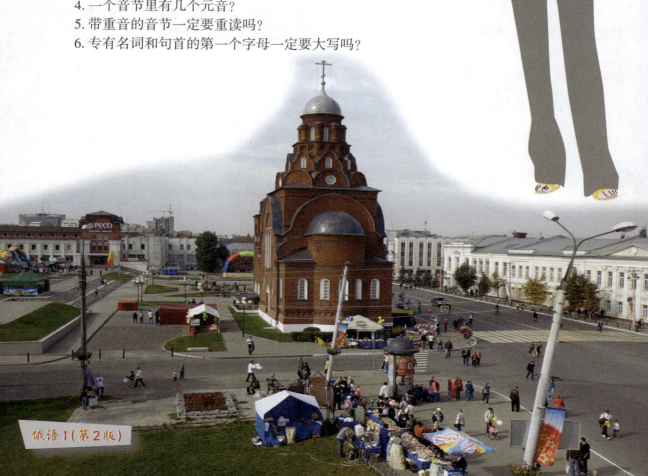

УРОК 2

- I. 元音[э],[ы]
- II. 辅音[г],[д],[б]
- III. 浊辅音在词末尾的清化
- IV. 元音[a],[o]的弱化
- V. 字母的连写

I. 元音[э],[ы]

听录音请扫二维码

元音[э]的发音动作：舌头前移，舌中部向上抬起，舌尖依傍下齿背，唇角稍向两侧舒展。

Упражнение 1. 听录音并跟读，注意[э]的发音。

э — э — э，　мэ, нэ, тэ, пэ, эм, эн, эк, эт, эту

元音[ы]的发音动作：整个舌体连同舌尖一起稍向后移，同时向硬腭前沿抬起，双唇略向两侧舒展。

Упражнение 2. 听录音并跟读，注意[ы]的发音。

ты, мы, ма́мы, но́ты, о́пыт, па́пы, у ма́мы, у па́пы

II. 辅音[г],[д],[б]

辅音[г]是浊辅音，对应的清辅音是[к]。[г]的发音部位及方法同[к]，只是发音时，声带要振动。

> Упражнение 3. 听录音并跟读。
>
> ка — га, ко — го, ку — гу
> га — го — гу, ка — ко — ку
> га, го, гу, гак, гам, гом, гон, гудóк

辅音〔д〕是浊辅音，对应的清辅音是〔т〕。〔д〕的发音部位及方法同〔т〕，只是发音时，声带要振动。

> Упражнение 4. 听录音并跟读。
>
> да, до, ду, дэ, ды
> та — да, то — до, ту — ду, тэ — дэ, ты — ды
> да, до, док, дом, дон, дым, дáты, кудá, тудá

辅音〔б〕是浊辅音，对应的清辅音是〔п〕。〔б〕的发音部位及方法同〔п〕，只是发音时，声带要振动。

> Упражнение 5. 听录音并跟读。
>
> ба, бо, бу, бэ, бы
> па — ба, по — бо, пу — бу, пэ — бэ, пы — бы
> бак, бат, бык, быт, банк, бунт, бáбы, бóмбы, бóты, гýбы

> Упражнение 6. 听录音并跟读。
>
> га — ка, го — ко, гу — ку, да — та, до — то, ду — ту
> ба — па, бо — по, бу — пу, бан — пан, бот — пот
> гак — как, гон — кон, дам — там, дом — том

Ⅲ. 浊辅音在词末尾的清化

浊辅音在词末尾时要发成相对应的清辅音，例如：

> год — го〔т〕   〔д〕—〔т〕
> дуб — ду〔п〕   〔б〕—〔п〕
> мог — мо〔к〕   〔г〕—〔к〕

> Упражнение 7. 听录音并跟读，注意浊辅音在词末尾的清化。
>
> ад, гад, код, дог, дуб, куб, маг, мог, над, ног, под

Ⅳ. 元音[а],[о]的弱化

元音〔а〕,〔о〕处于非重读音节时要弱化。弱化规则如下：
1. 在硬辅音后重音前的第一个音节中发成比〔a〕短而弱的〔ʌ〕音，例如：

нога́ — н[ʌ]га́, пока́ — п[ʌ]ка́.

2. 词首非重读的[a],[o]也发成[ʌ]音,例如：
   она́ — [ʌ]на́, Абака́н — [ʌ]бака́н.

上述弱化称为第一级弱化。

3. 重音前(硬辅音后重音前的第一个音节除外)、重音后其他非重读音节中的弱化为第二级弱化,要发成比[ʌ]更短、更弱的[ъ]音,例如：
   потому́ — п[ъ]т[ʌ]му́, ма́ма — ма́м[ъ], мно́го — мно́г[ъ].

上述弱化规则同样适用于虚词与实词的连读中。

Упражнение 8. 听录音并跟读,比较重读元音与非重读元音的差别。

1) а́том, до́ма, ко́мната, ма́ма, на́до, па́па
2) бана́н, компо́т, куда́, нога́, туда́, тогда́
3) бума́га, нау́ка, отку́да, пого́да, поку́пка
4) ба́нка, потому́, у кота́, у катка́, у окна́

Упражнение 9. 听录音并跟读,注意[a],[o]的第一级弱化。

кана́т, като́к, когда́, она́, оно́, пока́, пото́м, поэ́т
дом — дома́, кот — кота́, окно́ — окна́
мог — могу́, он — она́, том — пото́м

Упражнение 10. 听录音并跟读,注意[a],[o]的第二级弱化。

да́та, мно́го, о́ба, о́кна, па́па, у́тка, э́то, э́тот, бума́га
кома́нда, ко́мната, нау́ка, пого́да, потому́, поэ́тому

Упражнение 11. 听录音并跟读。

у катка́, у кота́, у ма́мы, у окна́, у па́пы
от ма́мы, от окна́, от па́пы, от пого́ды
на бума́гу, на́ ногу, на па́пку

V. 字母的连写

字母连写时,间距要匀称,相邻字母的笔画要连接,有的上端连,有的下端连。必要时可加连笔画。

Упражнение 12. 临摹字帖。

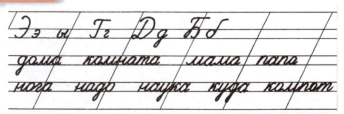

НОВЫЕ СЛОВА (生词)

ты 你　　　　мы 我们　　　　да 是(的),对(的)　　дом 房子　　　куда́ 去哪里
туда́ 到那里　ма́ма 妈妈　　па́па 爸爸　　　　когда́ 什么时候　она́ 她
оно́ 它　　　окно́ 窗户　　э́то 这是　　　　до́ма 在家

ЗАДАНИЯ

A. 练习。

听 Упражне́ния 1 ~ 11 的录音并跟读。

B. 思考题。

1. 浊辅音在词末尾需要清化吗？　　　2. 元音〔a〕,〔o〕何时要弱化？
3. 弱化共分几级？　　　　　　　　　4. 元音〔a〕,〔o〕在哪些音节需要一级弱化？
5. 元音〔a〕,〔o〕在哪些音节需要二级弱化？

УРОК 3

- I. 元音 [и]
- II. 辅音 [с], [ф], [х], [в], [з]
- III. 语调 调型 1
- IV. 移行规则 (1)

I. 元音 [и]

听录音请扫二维码

元音 [и] 的发音与汉语 «i» ("依" «yi» 中的韵母) 近似。只是俄语中 [и] 的舌位偏低、偏后。

Упражнение 1. 听录音并跟读。

ик — им — ин — ип — ит
и, и́бо, иду́, иду́т, ита́к, ито́г
мой, иногда́, ма́ма и па́па, она́ и он, ты и мы

II. 辅音 [с], [ф], [х], [в], [з]

辅音 [с] 是清辅音。发 [с] 时，舌尖依傍下齿，舌前部靠近上齿背和上齿龈。

Упражнение 2. 听录音并跟读。

сад, сам, сок, сто, суп, сын, нос, мост
со́да, со́ус, сосна́, стака́н, стои́т, стои́м
доска́, ко́смос, кусо́к, посу́да, соба́ка

辅音 [ф] 是清辅音，其发音与汉语 «f» ("发" «fa» 中的声母) 近似。发 [ф] 时，上齿和下唇构成窄缝，气流通过时，形成摩擦音。

> Упражнение 3. 听录音并跟读。
>
> фат, фон, фуд, фунт, фонд, факт, кóфта
> фонтáн, фасáд, фасóн, фóкус, фóто

辅音〔x〕是清辅音，其发音与汉语中 «h»（"喝" «h» 中的声母）近似，但成阻部位偏前。

> Упражнение 4. 听录音并跟读。
>
> дух, их, ход, дохóд, мýха, охóта, похóд
> ýхо, ухóд, э́хо, эпóха, хóхот, хýдо, хомýт

辅音〔в〕是浊辅音，对应的清辅音是〔ф〕。〔в〕的发音部位及方法与〔ф〕基本相同，但发〔в〕时声带振动。

> Упражнение 5. 听录音并跟读。
>
> вам, вот, вы, вáта, вагóн, водá, востóк, вы́ход, вáхта
> и́ва, Ивáн, áвгуст, давнó, вдох, внук, два
> вы и мы

辅音〔з〕是浊辅音，对应的清辅音是〔с〕。〔з〕的发音部位及方法与〔с〕基本相同，但发〔з〕时声带振动。

> Упражнение 6. 听录音并跟读。
>
> за, зуб, завóд, закáз, закáт, закóн, замóк, зáпад, зáпах
> звук, звонóк, бáза, вáза, вóздух, казáк, назáд
> забóта, закýска, знакóмы, мýзыка, музыкáнт

Ⅲ. 语调　调型 1

语调

语调是指说话或朗读时，在声音高低、音调起伏、用力轻重和音响持续长短等方面的变化。俄语中有 7 个语调调型。俄语日常谈话中常见的调型有：调型 1，调型 2，调型 3，调型 4 等。

调型由调型中心、调型中心前部、调型中心后部三部分组成。

调型 1

调型 1 经常用于陈述句中，表示语义完结。调型 1 的调型中心一般落在所要强调的词的重音上，例如：

> Мáма дóма.　　　　Онá дóма.

调型 1 的特点是：调型中心前部用中调，调型中心音调下降，中心后部的音调低于中心前部的音调。

Упражнение 7. 听录音并跟读。

Э́то ма́ма.   Э́то па́па.
Э́то вода́.   Э́то су́мка.
Па́па там.   И ма́ма там.

Упражнение 8. 听录音并跟读。

Ма́ма до́ма.   И па́па до́ма.
Ма́ма и па́па до́ма.
Па́па стои́т там.   И ма́ма стои́т там.

Упражнение 9. 听录音并跟读。

Э́то сын.   А э́то внук.
Э́то сок.   А э́то компо́т.
Э́то дом.   А э́то сад.
Ива́н стои́т у окна́.

Ⅳ. 移行规则（1）

一个词在上一行里写不下时，可以把余下的部分移到下一行，在上一行末尾处加移行符号"-"，但必须遵守一些规则：

1. 单音节词不能移行，例如：вот不能移成во- т或в- от。
2. 单词主要按照音节移行，例如：пого́да移行时，应为по- го́да，或пого́- да。
3. 单个的字母不能单独留在上一行或移至下一行，例如：不能将Ива́н移成И- ва́н或Ива́- н。

Упражнение 10. 临摹字帖。

Ии Сс Фф Хх Зз
Э́то ма́ма. Ива́н до́ма. Э́то суп.
Ма́ма и па́па до́ма.

语音导论课　УРОК 3

КОММЕНТАРИИ (注释)

Ива́н 伊万   Ива́н стои́т у окна́. 伊万站在窗前。   компо́т 糖煮水果

НОВЫЕ СЛОВА (生词)

и 也；和   сад 花园   сок 果汁   сын 儿子   доска́ 黑板   вы 您(你们)

вода́ 水   а́вгуст 八月   внук 孙子   два 二   су́мка 包，兜子   дом 房子

ЗАДАНИЯ

A. 练习。

1. 听Упражнения 1～9的录音并跟读。
2. 抄写Упражнения 7，8，9。
3. 听录音，标调型。

   Это ма́ма. Это па́па.
   Ма́ма до́ма. И па́па до́ма.
   Ма́ма и па́па до́ма.

B. 思考题。

1. 俄语中共有多少个调型？
2. 俄语中常用的调型有几个？
3. 调型由几个部分组成？
4. 调型要标记在辅音上还是元音上？
5. 调型1经常用于哪种句子中？
6. 调型1的特点是什么？

УРОК 4

- I. 辅音〔j〕
- II. 元音字母〔я〕,〔ё〕,〔ю〕,〔е〕
- III. 硬辅音和软辅音
- IV. 辅音〔м'〕,〔н'〕,〔к'〕
- V. 软音符号ь和硬音符号ъ
- VI. 移行规则（2）

I. 辅音〔j〕

听录音请扫二维码

辅音〔j〕是浊辅音（书写时为й）。其发音和汉语«i»（"压"«ya»中的声母)近似。发〔j〕时，舌尖抵住下齿，中舌向硬腭高高抬起，构成窄缝。气流通过时，形成摩擦噪音。

Упражнение 1. 听录音并跟读。

ай, ой, май, мой, дай, стой, давáй, домóй
какóй, такóй, пустóй, худóй, нóвый, ýмный
сáмый, богáтый, готóвый, пойдý, пойдýт

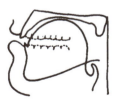

— й

Упражнение 2. 听录音并跟读。

инóй вы́ход, нóвый дом, худóй таз, мой стакáн
пустóй вагóн, ýмный сын, знакóмый музыкáнт

Упражнение 3. 听录音并跟读。

Это мой дом.　　　　Это нóвый сад.

Тут нóвый мост.　　　Там нóвый завóд.

Я идý домóй.　　　　Мáма и пáпа идýт на завóд.

II. 元音字母 [я], [ё], [ю], [e]

字母 я, ё, ю, e 不和前面的辅音拼读时,分别表示音组 [ja], [jo], [jy], [jə]。

Упражнение 4. 听录音并跟读。

1) я, яд, моя́, моё, мою́
2) я́ма, я́хта, мая́к, стоя́т, я́года
3) даёт, даём, поёт, поём, узнаёт, узнаём
4) юг, мою́, стою́, пою́, даю́, зна́ют, узна́ют
5) е́ду, зае́ду, пое́ду, пое́дут, уе́ду, уе́дут

Упражнение 5. 听录音并跟读,区分ё与ю的读法。

моё — мою́, поёт — пою́т, даёт — даю́т
задаёт — задаю́т, создаёт — создаю́т
узнаёт — узна́ют, устаёт — устаю́т

Упражнение 6. 听录音并跟读。

Я ем. Я ем суп.
Я пою́. Я стою́ и пою́.
Я мо́ю посу́ду. Я зна́ю э́ту му́зыку.
Я пое́ду на юг. Ма́ма и па́па пое́дут на юг.

III. 硬辅音和软辅音

俄语的辅音有**硬辅音**和**软辅音**之分。硬辅音与软辅音的发音部位及方法基本相同,区别在于:发软辅音时多一个附加的发音动作,即:舌中部向硬腭抬起,唇角稍向两侧舒展。标音时用" ′ "表示,例如:[м′], [н′]。

辅音在 а, о, у, э, ы 前读硬音,在 я, ё, ю, е, и 前读软音。
大部分硬辅音和软辅音是相对应的。

IV. 辅音 [м′], [н′], [к′]

辅音 [м′] 是软辅音,对应的硬辅音是 [м]。

Упражнение 7. 听录音并跟读。

ма — мя, мо — мё, му — мю, мэ — ме
мех, мёд, миф, змей, ме́сто, ме́тод, ми́мо
ми́нус, мя́со, мя́та, мину́та, мимо́за

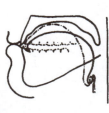

Упражнение 8. 听录音并跟读。

Я ем мя́со.　　Он ест суп.　　Она́ поёт.
Э́то моё ме́сто.　А э́то их ме́сто.

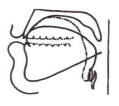

辅音〔н′〕是软辅音，对应的硬辅音是〔н〕。

Упражнение 9. 听录音并跟读。

нёс, нет, вниз, не́бо, Ни́на, ни́тка, внизу́, конёк

Упражнение 10. 听录音并跟读。

никогда́, не́когда, ника́к, никако́й, огонёк
Им не́когда.　Они́ е́дут домо́й.
Э́то Ни́на.　Ни́на до́ма.

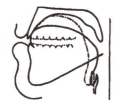

辅音〔к′〕是软辅音，对应的硬辅音是〔к〕。

Упражнение 11. 听录音并跟读。

ке́пка, кино́, кио́ск, кит, высо́кий, буке́т, су́тки, Кита́й
кита́йский, испа́нский, по-кита́йски, по-испа́нски
Тут нет кио́ска.　У Ива́на нет ке́пки.

V. 软音符号ь和硬音符号ъ

俄语中有两个字母不发音，即：软音符号ь和硬音符号ъ。软音符号ь前的辅音通常读成软辅音。

软音符号ь在я, ю, ё, е, и之前还起分音作用。表示它前面的辅音和它后面的音要分开读，例如：скамья́〔скам′ja〕。

硬音符号ъ也起分音作用，和软音符号的分音作用相同，例如：объём〔objom〕。

试比较：ест — съест。

Упражнение 12. 听录音并跟读。

мя — мья, мё — мьё, мю — мью, ми — мьи
ня — нья, ню — нью, ни — ньи, не — нье
дан — дань, кон — конь, ваго́н — ого́нь, ест — съест

Упражнение 13. 听录音并跟读，注意ь和ъ的作用。

ию́нь, Каза́нь, конья́к, скамья́, объём
отъе́зд, съезд, съем, съест
Э́то скамья́. Я съем суп.

VI. 移行规则(2)

1. 移行时，й, ь, ъ必须和前面的字母一起留在原行，不可以分开书写，例如：война́ 移行时应为：вой- на́，конья́к应为：конь- я́к，而отъе́зд应为：отъ- е́зд。

2. 移行时，两个相同的辅音并列时，要分开，例如：ка́сса移行时为：ка́с-са。

Упражнение 14. 临摹字帖。

й Я я Ё ё Ю ю Е е ь ъ
ию́нь объём Тайва́нь
Она́ поёт. Я ем суп.

КОММЕНТАРИИ (注释)

Ни́на 尼娜   Тут нет кио́ска. 这里没有售货亭。   Им не́когда. 他(她)们没有时间。

НО́ВЫЕ СЛОВА́ (生词)

домо́й 回家	како́й 什么样的	но́вый 新的	мя́со 肉	Кита́й 中国
суп 汤	ме́сто 地方；位置	мину́та 分(钟)	юг 南方	кита́йский 中国的
они́ 他们	кино́ 电影；电影院	я 我	нет 没有；不	

 ЗАДАНИЯ

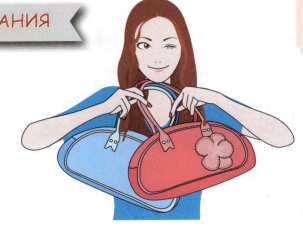

A. 练习。

1. 听Упражнéния 1～13的录音并跟读。
2. 听录音，标调型。
   Я уéду на юг.　　Они́ éдут домóй.
   Это Ни́на.　　　Это стакáн.
   Это их мéсто.
3. 抄写Упражнéние 6。

B. 思考题。

1. й 是浊辅音吗？
2. й的音标是[j]吗？
3. я, ё, ю, е 是元音吗？
4. 软、硬辅音的发音区别在哪里？
5. 俄语中哪两个字母不发音？
6. 软音符号ь在哪些字母之前还能起分音作用？
7. 硬音符号ъ也起分音作用吗？

УРОК 5

- I. 硬辅音〔ш〕,〔ж〕,〔ц〕
- II. 软辅音〔с'〕,〔ф'〕,〔т'〕,〔п'〕
- III. 前置词和后面词的连读
- IV. 词的节律 语段
- V. 调型 2（1）

I. 硬辅音〔ш〕,〔ж〕,〔ц〕

辅音〔ш〕是硬辅音、清辅音，没有相对应的软辅音。发音时，舌前部抬起，舌中部下凹，舌后部向软腭抬起，双唇稍圆撮，声带不振动。

辅音〔ж〕是硬辅音、浊辅音，对应的清辅音是〔ш〕，它们的发音方法基本相同，所不同的是：发〔ж〕音时，声带振动。

另外，字母и, е在ш, ж之后分别读成〔ы〕,〔э〕音，例如：
жест, шест, жив, на́ши, ножи́, уже́, маши́на。
ж在词尾时读成〔ш〕，例如：муж, эта́ж。

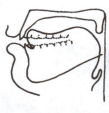

— ш —

Упражнение 1. 听录音并跟读。

шаг, шеф, шкаф, шок, шум
шу́мно, шу́ба, ваш, наш, ва́ши, на́ши, ва́ше, на́ше

Упражнение 2. 听录音并跟读。

маши́на, ша́пка, ба́бушка, ша́хматы

Это моя́ маши́на. Это моя́ ша́пка.

Это моя́ ба́бушка. Это мои́ ша́хматы.

听录音请扫二维码

Упражнение 3. 听录音并跟读。

жук, жив, жест, жёсты, живо́й, живо́т, живу́, живу́т
ка́ждый, мо́жно, ну́жно, ну́жный, уже́
Они́ ждут Ната́шу.

Упражнение 4. 听录音并跟读。

жду, ждут, покажи́, скажи́, ю́жный
худо́жник, южа́нин, ешь, съешь
Я жду Ми́шу.   Ши́шкин — худо́жник.

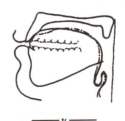

辅音〔ц〕是硬辅音、清辅音。发〔ц〕音时，舌尖依傍下齿，舌前部抵上齿背和上齿龈，构成阻塞（如发〔т〕状），除阻时，舌前部逐渐离开上齿背和上齿龈，构成窄缝（如发〔с〕状），气流经窄缝摩擦而出，形成〔ц〕音。

辅音〔ц〕没有相对应的软辅音。字母и，е在ц之后时，分别读成〔ы〕，〔э〕音。

Упражнение 5. 听录音并跟读。

цех, цент, це́ны, цыга́н, цуна́ми, абза́ц, акце́нт, коне́ц, наконе́ц
Они́ покупа́ют цука́ты.   И я покупа́ю цука́ты.

Ⅱ. 软辅音〔с'〕，〔ф'〕，〔т'〕，〔п'〕

辅音〔с'〕是软辅音，对应的硬辅音是〔с〕。

Упражнение 6. 听录音并跟读。

семь, сижу́, сосе́д, спаси́бо, сюда́, ся́ду, ся́дут
си́ний, сино́ним, си́нтаксис, систе́ма, ситуа́ция

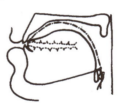

Упражнение 7. 听录音并跟读。

жи́вопись, отсю́да, Си́ма, на такси́, на пе́нсии
Это Си́ма.   Она́ на пе́нсии.
Я е́ду на такси́.   И они́ е́дут на такси́.

辅音〔ф'〕是软辅音，对应的硬辅音是〔ф〕。

Упражнение 8. 听录音并跟读。

фи́ниш, фи́ник, ко́фта, конфе́та, фина́нсы, о́фис, буфе́т
Ни́на и Си́ма иду́т в о́фис.
Анто́н и Ни́на иду́т в буфе́т.

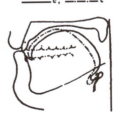
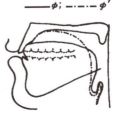

辅音〔т′〕是软辅音，对应的硬辅音是〔т〕。

Упражнение 9. 听录音并跟读。

текст, тип, ти́хо, тёмный, те́хникум, оте́ц, статья́, апте́ка
хоте́ть, хоти́м, хотя́т, быть, дать, сесть, по́мнить, стоя́ть
Мы хоти́м ка́шу. Я вас по́мню.

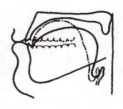

辅音〔п′〕是软辅音，对应的硬辅音是〔п〕。

Упражнение 10. 听录音并跟读。

петь, пить, пять, пью, пьёшь, пьёт, пьём, пьют, пей
пе́сни, пи́во, писа́ть, пя́тый, успе́ть, копе́йка
Я пью пе́пси.　Он пьёт пи́во.　Ни́на пьёт сок.

III. 前置词和后面词的连读

前置词一般不带重音，要和后面的词连读，例如：с Окса́ной — с〔ʌ〕кса́ной。
连读时要注意以下几个问题：
1. 一般情况下，前置词中不带重音的元音要弱化，例如：о нас — 〔ʌ〕 нас, о вас — 〔ʌ〕 вас。
2. 如果前置词是以硬辅音结尾的，后面的词又是以元音и开头的，那么连读时，и读成〔ы〕，例如：в институ́т — в〔ы〕нститу́т。

Упражнение 11. 听录音并跟读。

в институ́т, в апте́ку, о вас, стои́т у окна́
Они́ иду́т в институ́т.　А я иду́ в апте́ку.
О вас мно́го пи́шут.　Па́па стои́т у окна́.

IV. 词的节律　语段

词的节律

双音节词和多音节词中，重读音节中的元音要发得长而重，非重读音节中的元音则发得短而弱。由于这种长短、强弱的差别而形成词的节律。重读元音是词的节律中心。重音位置不同，词的节律也就不同。

双音节词的节律：

| та́та | це́ны, Ни́на, су́мка, ти́хо, шу́мно, шу́тка |
| тата́ | вода́, душа́, куда́, сюда́, бана́н, буфе́т, компо́т |

三个音节词的节律：

татáта	аптéка, машúна, откýда, погóда, покýпка, спасúбо
тáтата	кóмната, мýзыка, нéкогда, бáбушка, шáхматы
тататá	ананáс, никогдá, никудá, огонёк, тишинá

Упражнéние 12. 听录音并跟读，注意词的节律。

áвгуст, бýква, вóздух, шýмно, мóжно, нýжно, буфéт, водá, сюдá
стакáн, аптéка, минýта, кóмната, мýзыка, никогдá, иногдá

语段

一个句子往往按其意义分成若干个语段，一个语段包含一个调型，语段有长有短，它表达完整或相对完整的意义。语段之间通常有短暂的停顿，书面上可用斜线"/"隔开，语段内部没有停顿，例如：

Антóн мой сосéд,¹ / о нём мнóго пúшут.¹

Упражнéние 13. 听录音并跟读，注意语段的划分。

Нет,¹ / он не пьёт пúво,¹ / он пьёт сок.¹
Мы не хотúм пéпси,¹ / мы хотúм компóт.¹

V. 调型 2（1）

带疑问词的疑问句通常用调型 2 来读。
调型 2 的特点是：调型中心前部用中调，调型中心音调略有下降，词重音加强，中心后部的音调低于中心前部，例如：

Ктo? Ктo э́то?

Кудá?² Кудá² онú идýт?
Когдá?² Когдá² онú бýдут у нас?

Упражнéние 14. 听录音并跟读。

Кудá?² Кудá² онú идýт?
Как?² Как² поёт Нúна?
Кто² вы? Как вас зовýт?²
Откýда² вы? Кудá² онú éдут?
Когдá² ты мне кýпишь шáпку?

Упражнение 15. 临摹字帖\。

КОММЕНТАРИИ (注释)

Антóн 安东
Шúшкин — худóжник. 希施金是位画家。
А я идý в аптéку. 而我去药店。

Как вас зовýт? 您叫什么名字？
Онú идýт в институ́т. 他们去学院。

НОВЫЕ СЛОВА (生词)

шýмно 喧闹
нýжно 需要
сосéд 邻居
текст 课文
пéпси 百事可乐

шáпка 帽子
ужé 已经
спасúбо 谢谢
отéц 父亲

бáбушка 祖母；外婆
худóжник 艺术家
сюдá 来这里
аптéка 药店

мóжно 可以
семь 七
таксú 出租车
пять 五

ЗАДАНИЯ

A. 练习。

1. 听Упражнéния 1～14的录音并跟读。
2. 抄写Упражнéние 14。

B. 思考题。

1. 前置词中不带重音的元音要弱化吗？
2. 词的节律是如何形成的？
3. 语段是依据什么划分的？
4. 每个语段都包含一个调型吗？
5. 带疑问词的疑问句应该用哪种调型来读？
6. 调型2的特点是什么？

УРОК 6

- I. 硬辅音〔p〕
- II. 软辅音后〔a〕,〔э〕的弱化
- III. 清、浊辅音的对应
- IV. 清、浊辅音的同化
- V. 调型2(2)

I. 硬辅音〔p〕

辅音〔p〕是硬辅音、浊辅音。发〔p〕时,舌尖轻轻抬起,靠近上齿龈后沿,舌前部和舌部中下凹,呼出的气流冲击舌尖,使舌尖上下颤动,发出颤音。发音时,声带振动。
(注意:发音时不要紧张,不要刻意用力,舌头要放松。)

听录音请扫二维码

Упражнение 1. 听录音并跟读。

дра, тра, дрова́, това́р, ка́рта, гора́, гроза́
рад, раз, рак, рот, брат, ра́но, ро́за, рука́, ры́ба, ры́нок
вор, двор, уро́к, гром, друг, до́брый

Упражнение 2. 听录音并跟读,注意〔p〕的发音。

высо́кий дом, дорого́й пода́рок, краси́вый двор
круго́м го́ры, пе́рвый уро́к, ра́но у́тром

Упражнение 3. 听录音并跟读。

1) —Кто́² он? —Он экскурсово́д.¹
2) —Кто́² из вас хорошо́ поёт? —Ни́на хорошо́ поёт.¹

3) —Когда они поедут в институт? —Утром.
4) —Куда они так рано едут? —Они едут на рынок.

Ⅱ. 软辅音后[a],[э]的弱化

非重读元音[a],[э](字母 я, е)在软辅音后要发生弱化,规则如下:

1. 在重音前第一音节发介乎[и]与[э]之间的音,标音时用[иᵉ]表示,例如:пяти — [п'иᵉ]ти, места — [м'иᵉ]ста。

2. 在重音前第二、三音节及重音后的音节发比[иᵉ]短、近似[и]的音,标音时用[ь]表示,例如:осень — о[с'ь]нь。

但当[a]位于词尾时,则发介乎[э]与[a]之间的音,标音时用[ъ]表示,例如:тётя — тё[т'ъ], имя — и[м'ъ]。

而当[э]在词末尾时,则发成介乎[и]与[э]之间的音,标音时用[ъ]表示,例如:здание — зда[н'jъ], занятие — заня[т'jъ]。

另外,当[э]位于词首且不带重音时,发[ыᵉ]音,例如:этаж —[ыᵉ]таж, экскурсовод — [ыᵉ]кскурсовод。

Упражнение 4. 听录音并跟读,注意[a],[э]的弱化。

знаменитый, немецкий, занятие, на занятиях, осень, восемь
место — места, пять — пяти, стена — стены, евро — Европа

Упражнение 5. 听录音并跟读。

1) Пушкин — знаменитый поэт.
2) Шуман — знаменитый немецкий музыкант.
3) —Когда буфет работает? —С семи до пяти.
4) —Куда идут Петя и Катя? —В буфет.

Ⅲ. 清、浊辅音的对应

俄语中的清、浊辅音大多是对应的,例如:
[п]—[б], [ф]—[в], [т]—[д], [с]—[з], [к]—[г], [ш]—[ж]

Упражнение 6. 听录音并跟读。

та — да, то — до, ту — ду, ты — ды
кот — год, суп — зуб, соя — Зоя, папа — баба
—Куда идут Зоя и Нина? —Они идут домой.

Ⅳ. 清、浊辅音的同化

清辅音和浊辅音在一定条件下互相转化，称为清、浊辅音的同化。清、浊辅音的同化规则如下：

1. 浊辅音清化 —— 浊辅音在词末尾时要发成相对应的清辅音（见第2课）；位于清辅音前的浊辅音要发成相对应的清辅音，例如：

догáдка —— догá[т]ка　　　　[д]—[т]
ошѝбка —— оши[п]ка　　　　[б]—[п]
автóбус —— а[ф]тóбус　　　　[в]—[ф]

2. 清辅音浊化 —— 位于浊辅音前的清辅音要发成相对应的浊辅音，例如：

экзáмен —— э[г]зáмен　　　　[к]—[г]
отгадáть —— о[д]гадáть　　　　[т]—[д]
сбор —— [з]бор　　　　[с]—[з]

3. 清辅音在浊辅音[м],[м'],[н],[н'],[р],[р'],[л],[л'],[j]前不发生浊化，例如：
письмó —— пи[с']мó, ýтром —— ý[т]ром。

4. 浊辅音[в],[в']在清辅音前或词末尾要清化，但清辅音在[в],[в']前不浊化，例如：
вход —— [ф]ход, готóв —— готó[ф], свой —— [с]вой。

5. 前置词与后面的词连读时，同样遵循上述的同化原则，例如：с зáпада —— [з]áпада。

> **Упражнение 7.** 听录音并跟读，注意清、浊辅音的同化。

вход, сдать, труд, встать, бýква, москвá, странá, зáвтра, óтдых, скáзка
догáдка, ошѝбка, автóбус, экзáмен, отгадáть, сбор, снóва, травá, ýтро, ýтром, вопрóс, аэропóрт

> **Упражнение 8.** 听录音并跟读。

1) ——Когдá онѝ встáнут?　　——Дýмаю, в вóсемь утрá.
2) ——Как мóжно найтѝ Сáшу и Ѝру?　　——Онѝ на заня́тиях.
3) ——Откýда ваш друг?　　——Из Москвы́.

Ⅴ. 调型2(2)

调型2常用在表示称呼、问候、告别、致谢、道歉以及表示请求、建议、祝愿等意义的祈使句中。对话中的一些应答句亦可用调型2。

> **Упражнение 9.** 听录音并跟读。

Дóброе ýтро!　　Спасѝбо!　　Порá рабóтать!　　Простѝте!

Упражнение 10. 听录音并跟读，注意调型2的用法。

1) —До́брое у́тро, Ка́тя! —До́брое у́тро, Пе́тя!
2) —Ка́тя! Закро́й окно́! —Хорошо́.
3) —Пора́ е́хать! —Хорошо́.
4) —Куда́ нам идти́? —Туда́.

Упражнение 11. 听录音并跟读，注意元音[а],[э]的弱化。

1) —Спаси́бо, Аня! —Не сто́ит.
2) —Прости́те, / как мне попа́сть на пя́тый эта́ж? —Я не зна́ю.
3) —Пе́тя! Осторо́жно! —Не беспоко́йся.

Упражнение 12. 临摹字帖。

КОММЕНТАРИИ (注释)

Пе́тя 别佳
Зо́я 卓娅
До́брое у́тро! 早晨好！
С семи́ до пяти́. 从(早)七点到(晚)五点。
Осторо́жно! 小心！

Ка́тя 卡佳
Пу́шкин — знамени́тый поэ́т. 普希金是位著名的诗人。
Когда́ буфе́т рабо́тает? 小卖部什么时候营业？
Прости́те! 抱歉！对不起！
Не беспоко́йся! 别担心！

НОВЫЕ СЛОВА (生词)

ра́но 早   ры́нок 市场   уро́к 课；功课   друг 朋友   хорошо́ 好

заня́тие 课;课堂   во́семь 八   вход 入口   бу́ква 字母   Москва́ 莫斯科
за́втра 明天   оши́бка 错误   авто́бус 公共汽车   экза́мен 考试   у́тро 早晨
вопро́с 问题   аэропо́рт 飞机场

A. 练习。

1. 听Упражне́ния 1~11的录音并跟读。
2. 给下列句子标出调型和语段。
    1) —Юра хоро́ший экскурсово́д.　　—Нет, вы не пра́вы!
    2) —Нам ну́жно отдохну́ть.　　—Да, вы пра́вы.
    3) —Пе́тя, не опозда́й в теа́тр!　　—Не беспоко́йся, не опозда́ю.
3. 抄写Упражне́ния 10~11。

B. 思考题。

1. 发 p 时应注意什么?
2. 非重读元音〔a〕,〔э〕在软辅音后要弱化么?
3. 什么是清、浊辅音的同化?
4. 调型2可以用在祈使句中吗?
5. 称呼、问候、告别、致谢、道歉等语句也用调型2来读吗?

УРОК 7

- I. 软辅音 [г'], [д'], [б'], [в'], [з']
- II. 某些辅音音组的读法 (1)
- III. 调型 3 (1)
- IV. 调型中心位置的改变

I. 软辅音 [г'], [д'], [б'], [в'], [з']

辅音 [г'] 是软辅音，对应的硬辅音是 [г]。

Упражнение 1. 听录音并跟读，注意 [г'] 的发音。

гид, гимн, герб, гéний, Гермáния, гитáра, мнóгие, Гéна, помогú

1) —Как вас зовýт? (2)   —Гéна. (1)
2) —Гéна, / помогú мне! (2 2)   —Хорошó. (1)

辅音 [д'] 是软辅音，对应的硬辅音是 [д]。

Упражнение 2. 听录音并跟读，注意 [д'] 的发音。

день, дéньги, дéсять, дéти, диéта, дúкий, дéдушка, где, идёт, одúн, седьмóй, студéнт, тетрáдь, дéсять дней, моя́ судьбá

1) —Где дéти? (2)   —В садý. (1)
2) —Где дéньги? (2)   —У дéдушки. (1)

听录音请扫二维码

辅音〔б'〕是软辅音，对应的硬辅音是〔б〕。

Упражнение 3. 听录音并跟读，注意〔б'〕的发音。

бить, бьёт, бью, бьёте, бе́йте, бе́гать, бего́м, беда́, бежа́ть, бюро́, обе́д, бесе́да, обе́дать, кабине́т, без де́нег, без меня́, без тебя́

1) Нет ху́да без добра́.   2) Нет ды́ма без огня́.
3) —Куда́ бегу́т де́ти?   —В парк.
4) —Куда́ спеша́т студе́нты?   —На заня́тия.

辅音〔в'〕是软辅音，对应的硬辅音是〔в〕。

Упражнение 4. 听录音并跟读，注意〔в'〕的发音。

ведь, вид, весь, свет, Ве́ра, ве́рно, весна́, ви́жу, ви́дишь, ви́дит, ви́дим, ви́дите, ви́дят
Ви́ктор, вино́, ви́рус, Ви́тя, ви́шня
Ви́ктор и Ве́ра едя́т ви́шню. Ви́тя пьёт вино́.
Извини́те!   До свида́ния!
1) —Как тебя́ зову́т?   —Ви́ктор.

辅音〔з'〕是软辅音，对应的硬辅音是〔з〕。

Упражнение 5. 听录音并跟读，注意〔з'〕的发音。

звезда́, звёзды, зима́, зи́мний, зимо́й, Зи́на, А́зия, друзья́
везу́, везёшь, везёт, везём, везёте, везу́т, газе́та, фи́зик

1) Зи́на, / возьми́ фру́кты.
2) Мои́ друзья́ — фи́зики.
3) —До́брый день, Зи́на!   —До́брый день, Ве́ра!

Ⅱ. 某些辅音音组的读法（1）

俄语中，有一些辅音音组在发音时特殊，需单独记忆：
тц, дц, тьс 发成长音〔ц̄〕（辅音字母上方的横线表示：辅音是长音），例如：
отца́ — о〔ц̄〕а́, занима́ться — занима́〔ц̄〕ъ, девятьсо́т — девя〔ц̄〕о́т.
тс, дс 发成〔ц〕音，例如：
де́тский — де́〔ц〕кий, городско́й — горо〔ц〕ко́й.
ого, его 中的 г 读作〔в〕音，例如：
но́вого — но́во〔в〕о, си́него — си́не〔в〕о.
сж, зж, сш, зш 在词素交界处发长音、硬音〔ж̄〕和〔ш̄〕，例如：
сжать — 〔ж̄〕ать, уезжа́ть — уе〔ж̄〕а́ть, с шу́мом — 〔ш̄〕у́мом.

语音导论课 УРОК 7

вств 读作［ств］, стн 读作［сн］, здн 读作［зн］, 例如:
здрáвствуй — здрá[ств]уй, извéстный — извé[сн]ый пóздно — пó[зн]о.
两个邻近的相同辅音发长音, 例如:
кáсса — кá[c̄]a, Áнна — А[н̄]a。

> **Упражнéние 6.** 听录音并跟读，注意辅音音组的读法。

> 1) беспокóиться, занимáться, катáться, называться, познакóмиться, родúться, садúться
> 2) городскóй, дéтский, егó, сшить, с шýмом, уезжáть
> 3) кáсса, пóздно, прáздник, выезднáя вúза, извéстный артúст
> 4) —Когдá ты поéдешь в Пекúн?   —В суббóту.
> 5) —Кто бýдет у нас зáвтра?   —Áнна с сы́ном.
> 6) —Когдá у тебя́ бýдет день рождéния? —Пéрвого мáя.

Ⅲ. 调型3(1)

不带疑问词的疑问句通常用调型3来读。
调型3的特点：调型中心前部用中调，调型中心的音调急剧升高，中心后部的音调低于中心前部的音调，例如：

> Э́то Кáтя?   У тебя́ есть дéньги?

Вы меня́ зовёте? Вы наш гид? Э́то ваш нóмер?

> **Упражнéние 7.** 听录音并跟读，注意调型3的读法。

> 1) Все? Дóма? Все дóма?
>   Зáвтра? У́тром?   Зáвтра у́тром?
>   Понимáете?   Вы меня́ понимáете?
>   Ваш пáспорт?   Э́то ваш пáспорт?
>   Вы пойдёте в теáтр?   Вы все пойдёте в теáтр?
> 2) У нас есть дéньги?   У негó есть машúна?
>   У тебя́ есть кóфе?   У них есть гид?
>   У Сáши есть газéта?   У Ивáна есть подрýга?

> **Упражнéние 8.** 听录音并跟读，对比调型1与调型3。

> 1) —Э́то всё?   —Всё.
> 2) —Ты в теáтр? —В теáтр.

3) —Жéня до́ма? —Да, до́ма.
4) —Го́сти бу́дут за́втра? —Да, за́втра.

IV. 调型中心位置的改变

调型中心是一个语段中某个词的重读音节，是调型必不可少的组成部分。它的音调高低、走向是区分调型的重要手段之一。调型中心既是语调的中心，也是句子意义的中心。根据句子意义的不同，它可以位于句子的开头、中间及末尾。

Упражнение 9. 听录音并跟读，注意调型中心位置的改变。

Они́ иду́т домо́й? Они́ иду́т домо́й?
Ка́тя е́дет в Пеки́н? Ка́тя е́дет в Пеки́н?
А́нна до́ма? А́нна до́ма?
Она́ пьёт во́дку? Она́ пьёт во́дку?

Упражнение 10. 听录音并跟读。

1) —Вы идёте за ви́зой? —Да, / я.
2) —Вы идёте за фру́ктами? —Да, / за фру́ктами.
3) —Они́ е́дут в Харби́н? —Да, / в Харби́н.
4) —Э́ти иностра́нцы е́дут в Харби́н? —Да, / э́ти.
5) —Суп вку́сный? —Вку́сный. Попро́буй!
6) —Здра́вствуйте! —До́брый день.

Упражнение 11. 临摹字帖。

здравствуйте поздно праздник
Вы меня понимаете?
Добрый день!

КОММЕНТАРИИ (注释)

Ве́ра 维拉　　　　Ви́ктор 维克多　　　Же́ня 热妮娅　　　　　день рожде́ния 生日
Как тебя́ зову́т? 你叫什么名字?　　Попро́буй! 尝一尝!　Извини́те! 对不起! 请原谅!
До свида́ния! 再见!　　　　　　　Здра́вствуйте! 您(你们)好!　До́брый день! 日安!

НОВЫЕ СЛОВА (生词)

де́ньги 钱　　　де́ти 孩子们　　где 在哪儿　　весна́ 春天　　студе́нт 大学生
парк 公园　　　оди́н 一　　　　зима́ 冬天　　газе́та 报纸　　фру́кты 水果
по́здно 晚　　　арти́ст 演员　　Пеки́н 北京　　но́мер 号;(宾馆的)房间
теа́тр 剧院　　ко́фе 咖啡　　　подру́га 女朋友

ЗАДАНИЯ

A. 练习。

1. 听Упражне́ния 1 ~ 10的录音并跟读。
2. 分析下列调型中心的改变所引起的变化。

   1) Э́то твоя́³ маши́на?　　　　　Э́то твоя́ маши́на³?
   2) Дед идёт в магази́н³?　　　　Дед идёт³ в магази́н?
   3) Она́ е́дет на метро́³?　　　　Она́ е́дет³ на метро́?
   4) Ге́на рабо́тает в ци́рке³?　　Ге́на³ рабо́тает в ци́рке?
   5) За́втра³ у тебя́ бу́дет сва́дьба?　За́втра у тебя́ бу́дет сва́дьба³?
   6) Они́ тебя́³ ждут?　　　　　　Они́ тебя́ ждут³?

3. 抄写Упражне́ния 9 ~ 10。

B. 思考题。

1. 不带疑问词的疑问句要用调型 3 来读吗?　　2. 调型 3 的特点是什么?
3. 每种调型都有调型中心吗?　　　　　　　　4. 调型中心的位置是固定的吗?
5. 俄语中的зо 与汉语中的'嗽'发音相近吗?

урок 8

- I. 软辅音 [ч'], [ш'], [p'], [x']
- II. 某些辅音音组的读法(2)
- III. 辅音 [л], [л']
- IV. 调型 3(2)

I. 软辅音 [ч'], [ш'], [p'], [x']

听录音请扫二维码

辅音 [ч'] 是清辅音、软辅音。发音时，舌中部向上抬起，舌前部紧贴上齿龈，构成阻塞，双唇稍向前伸，稍圆撮，发音时，声带不振动。[ч'] 没有相对应的浊辅音、硬辅音。

Упражнение 1. 听录音并跟读。

чья, чьё, чью, чьи, чай, час, чей, дочь, ночь, ча́сто, чёрный, чи́сто
че́стный, чужо́й, до́чка, заче́м, обы́чно, о́чень, очки́, сейча́с

1) —Почему́ не спишь²?　　　　　—Не хочу́².
2) —Вам что²,/ чёрный чай³?　　—Нет,/ чёрный³ ко́фе.

辅音 [ш'] 是软辅音、清辅音、长音。发音时，舌前部与齿龈后沿构成缝隙。舌中部向上腭抬起，舌尖略向前伸。[ш'] 没有相对应的浊辅音、硬辅音。

Упражнение 2. 听录音并跟读。

вещь, щи, щётка, ещё, пи́ща, проща́й, бу́дущее, же́нщина, защища́ть
обеща́ть, о́вощи, ищу́, и́щешь, и́щет, и́щем, и́щете, и́щут

1) —Чьи² э́то ве́щи?　　　　　　—Мои́¹.
2) —Ты не зна́ешь³,/ кого́ он и́щет²?　—Щу́кина.

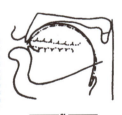

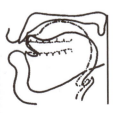

辅音〔р′〕是软辅音，对应的硬辅音是〔р〕。

Упражнение 3. 听录音并跟读。

три, тепе́рь, тре́тий, тури́ст, зря, заря́, рис, ряд, дверь, река́, ря́дом
вре́мя, мо́ре, сире́нь, берёза, рестора́н, Чёрное мо́ре

1) —Како́е вре́мя го́да тебе́ нра́вится?   — Зима́.
2) —Где тури́сты из Росси́и?   —Они́ в рестора́не.

辅音〔х′〕是软辅音，对应的硬辅音是〔х〕。

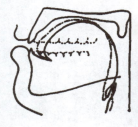

Упражнение 4. 听录音并跟读。

хи́мик, хи́мия, хиру́рг, хи́трый, хи́щник, архи́в, ти́хий, стихи́
в це́хе, в во́здухе, не в ду́хе, в хи́мии, в архи́ве

1) —Чьи э́то стихи́?   —Пу́шкина.
2) —Вы хиру́рг?   —Нет, я хи́мик.
3) —Почему́ он не в ду́хе?   —Не зна́ю.

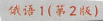

Ⅱ. 某些辅音音组的读法(2)

俄语中某些辅音音组的读法较特殊，需单独记忆。

чт 读成〔шт〕，**чн** 读成〔шн〕，例如：

что — 〔шт〕о，   коне́чно — коне́〔шн〕о。

(注意：чт 只在 что 及其派生词中读成〔шт〕；чн 只在 коне́чно, ску́чно, наро́чно 等少数词中读成〔шн〕。)

рдц 读成〔рц〕，**лнц** 读成〔нц〕，例如：

се́рдце — се́〔рц〕е, со́лнце — со́〔нц〕е。

сч, **зч** 读成〔ш′〕，**стл** 读成〔сл〕，例如：

расска́зчик — расска́〔ш′〕ик, сча́стье — 〔ш′〕а́стье
счастли́вый — 〔ш′〕а〔сл〕и́вый。

тч, **дч** 读成〔ч′〕，例如：

о́тчество — о́〔ч′〕ество, подря́дчик — подря́〔ч′〕ик。

гк 读成〔хк〕，**гч** 读成〔хч′〕，例如：

мя́гкий — мя́〔хк′〕ий,   мя́гче — мя́〔хч′〕е。

(注意：гк, гч 只在 мя́гкий, лёгкий 及同根词中发〔хк〕,〔хч′〕。)

дн 读成〔дн〕，**тн** 读成〔тн〕 (读〔дн〕,〔тн〕时要一次除阻)，例如：су́дно — су́〔дн〕о, о́пытный — о́пы〔тн〕ый。

жч 读作〔ш′〕，例如：

мужчи́на — му〔ш′〕и́на。

(注意：有些单词中，双辅音字母永远发单音，例如：бассе́йн, профе́ссор, коллекти́в, профе́ссия, режиссёр, грамма́тика, коммуни́ст 等。)

Упражнение 5. 听录音并跟读，注意辅音音组的读法。

днём, сча́стье, счита́ть, что́бы, ску́чный, се́рдце, тру́дный, мя́гкий, сего́дня, коне́чно наро́чно, мужчи́на, одна́жды, грамма́тика, коллекти́в, миллио́н, режиссёр

1) —Что́ э́то за де́рево? —Э́то берёза.
2) —Кто́ э́тот мужчи́на? —Наш режиссёр.

III. 辅音 [л], [л']

辅音 [л] 是硬辅音、浊辅音。发音时，舌尖抵上齿背及上齿龈，形成阻塞，同时后舌部向软腭抬起，中舌部下凹，整个舌体呈勺状。声带振动，气流通过舌两侧的缝隙而出。

Упражнение 6. 听录音并跟读，注意 [л] 的发音。

луч, стол, стул, ло́жка, луна́, го́лос, до́лго, молоко́, сала́т, светло́ столо́вая, слова́рь, уко́л, голова́, зо́лото, кани́кулы

1) —Куда́ ты пое́дешь на кани́кулы? —В Москву́.
2) —Молодо́й челове́к, / э́то ме́сто свобо́дное? —Да, свобо́дное.

辅音 [л'] 是软辅音，对应的硬辅音是 [л]。发音时，舌尖顶住上齿龈，中舌抬高，贴住硬腭前缘。后舌部自然下落。声带振动。

Упражнение 7. 听录音并跟读，注意 [л'] 的发音。

лифт, ключ, соль, ле́то, и́ли, ле́тний, ле́вый, лимо́н, ли́нзы, лиса́, лю́ди, апре́ль, бо́льно ию́ль, ско́лько, февра́ль, поле́зно, лека́рство, «Лебеди́ное о́зеро»

1) —Де́вушка, / ско́лько сто́ят таки́е ли́нзы?
2) —Что у тебя́ боли́т, / голова́? —Нет, / го́рло.
3) —Что идёт в Большо́м теа́тре? —«Лебеди́ное о́зеро».

IV. 调型 3(2)

重问句和反问句使用调型 3，例如：

1) —Где́ лифт? —В ле́вом углу́. —Где́? —Вон там.
2) —Ско́лько тебе́ лет? —Ско́лько мне лет? Со́рок три.

Упражнение 8. 听录音并跟读。

1) —Как ты пожива́ешь? —Как я пожива́ю? Норма́льно!
2) —Где рабо́тает Та́ня? —Где рабо́тает Та́ня? В поликли́нике.

3) —Когда́ ты ухо́дишь? —В де́сять. —Когда́? —В де́сять часо́в утра́.
4) —Ри́та, / откро́й дверь! У меня́ ру́ки за́няты. —Сейча́с.

Упражне́ние 9. 临摹字帖。

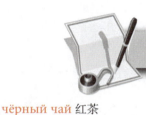

КОММЕНТА́РИИ (注释)

чёрный чай 红茶   не в ду́хе 心情不好   молодо́й челове́к 年轻人
Большо́й теа́тр 大剧院   «Лебеди́ное о́зеро» 《天鹅湖》
Ско́лько сто́ят таки́е ли́нзы? 这种镜片多少钱?   Ско́лько тебе́ лет? 你多大了?
Как ты пожива́ешь? 你近况如何?   Откро́й дверь! 开门!
У меня́ ру́ки за́няты. 我的手都占着呢。

НО́ВЫЕ СЛОВА́ (生词)

чей 谁的   ча́сто 经常   о́чень 很;非常   сейча́с 现在   почему́ 为什么
вре́мя 时间   днём 在白天   сего́дня 今天   коне́чно 当然   что 什么
столо́вая 食堂   слова́рь 词典   молодо́й 年轻的   челове́к 人   лифт 电梯
ле́то 夏天   и́ли 或者   ско́лько 多少

ЗАДАНИЯ

A. 练习。

1. 听Упражнéния 1—8的录音并跟读。
2. 听录音并跟读，注意〔р〕与〔р'〕的发音。

   в мáрте, в апрéле, в декабрé, в октябрé, в ноябрé, в сентябрé
   в февралé, в январé, береги́ врéмя, си́нее мóре, широ́кие рéки

   1) —Вы говори́те по-рýсски?³ —Говорю́,¹ / но пло́хо.¹
   2) —Кто² из вас кýрит? —Вéра.¹ —Кто?³ —Вéра.¹

3. 听录音并跟读，标调型。

   1) —Кудá поéдешь на лéтние кани́кулы? —Кудá поéду на лéтние кани́кулы? Домóй.
   2) —Лéночка, здрáвствуй! Как твоя́ учёба? —Спаси́бо, всё хорошо́. Закáнчиваю учи́лище.
       —А кудá пойдёшь учи́ться потóм? —Хочý в консерватóрию.
       —Кудá? —В консерватóрию.

4. 抄写Упражнéние 8。

B. 思考题。

1. 〔ч〕的发音与汉语的"七"相同吗？
2. 〔ч〕发音时舌中部要上抬吗？
3. 重问句和反问句都使用调型3吗？

УРОК 9

- I. 元音[a],[o],[э]在辅音[ж],[ш],[ц]后的弱化
- II. 带или的选择疑问句语调
- III. 调型4(1)

I. 元音[a],[o],[э]在辅音[ж],[ш],[ц]后的弱化

元音[a],[o]在辅音[ж],[ш],[ц]后重音前的第一个音节里发成[л]音,例如:жара́ — [жл]ра́, Шанха́й — [шл]нха́й, цари́ца — [цл]ри́ца。

在其他非重读音节里读成比[л]音更短、更弱的[ъ]音,例如:у́лица — у́ли[цъ]。

元音[o],[э](书写时为字母е)在辅音[ж],[ш],[ц]之后的弱化规则如下:

1. 在重音前第一音节发成[ы]与[э]之间的音,标音时用[ыэ]表示,例如:жена́ — [жыэ]на́, шесто́й — [шыэ]сто́й, цена́ — [цыэ]на́。
2. 在重音前其他音节和重音后的音节里发成[ъ]音,例如:целико́м — [цъ]лико́м, то́же — то́[жъ], на́ше — на́[шъ]。

Упражнение 1. 听录音并跟读,注意辅音[ж],[ш],[ц]后非重读元音的发音。

жале́ть, жале́ю, жале́ешь, жале́ют, желте́ть, шесто́й, то́же, Са́ша, Ми́ша, Ната́ша, цена́, два́дцать, три́дцать, пя́тница, ю́ноша, гости́ница, к сожале́нию

1) —Ско́лько вам лет?² —Два́дцать шесть.¹
 —Жена́т?³ —Нет.¹

2) —На како́м этаже́ ваш но́мер?² —На шесто́м.¹

听录音请扫二维码

Упражнение 2. 听录音并跟读。

1) —Сколько лет твоему́ мла́дшему бра́ту? —Шестна́дцать.
2) —Же́ня, / я хочу́ сде́лать жене́ пода́рок. Что мне купи́ть?
   —Купи́ цветы́. Не пожале́ешь.

Упражнение 3. 听录音并跟读，注意[и]在[ж],[ш],[ц]后的读音。

жизнь, жить, жи́вопись, жи́тели, цирк, ци́фра, широ́кий, лы́жи, мла́дший, све́жий, ста́рший, у́жин, ста́нция

1) —Река́ Во́лга широ́кая? —Да.
2) —Где живёт Же́ня? —Ря́дом с ци́рком.

Упражнение 4. 听录音并跟读。

1) —Скажи́те, пожа́луйста, / где роди́тели Серёжи? —Они́ в маши́не.
2) —Зимо́й ты хо́дишь на лы́жах? —Коне́чно, хожу́.

Упражнение 5. 听录音并跟读，注意[т']和[ч']的发音。

петь — мочь, тех — чек, ве́тер — ве́чер
ти́ше — чи́ще, те́сно — че́стно

1) —Говори́те гро́мче! —Постара́юсь.
2) —Что тебе́ купи́ть? —Чи́псы.

II. 带и́ли的选择疑问句语调

带и́ли的选择疑问句分为两个或两个以上语段。通常и́ли之前的语段用调型3读，之后的语段用调型2读，例如：

Вы пое́дете в Ве́ну / и́ли в Вене́цию?   Вам ко́фе / и́ли чай?

Упражнение 6. 听录音并跟读。

В Шанха́й / и́ли в Пеки́н?   В теа́тр / и́ли в кино́?
Мы пойдём в теа́тр / и́ли в кино́?   В суббо́ту / и́ли в воскресе́нье?

Упражнение 7. 听录音并跟读，注意带и́ли的选择疑问句语调。

1) Ле́на прие́дет ле́том / и́ли зимо́й?
2) Вчера́ вы бы́ли в ци́рке / и́ли в теа́тре?

3) Вы е́дете в университе́т на авто́бусе / и́ли на метро́?

4) Что вы купи́ли в гастроно́ме, / мя́со / и́ли ры́бу?

5) Како́е вре́мя го́да лу́чше, / ле́то / и́ли зима́?

Ⅲ. 调型4（1）

调型4常用于带对别意义的疑问句中。这种疑问句通常以对别连接词а开头。调型4的特点是：调型中心前部用中调，调型中心的音调由下降转为平稳上升，调型中心后部的音调高于调型中心和中心前部，例如：

А Ма́ша？   А И́ра？

Упражне́ние 8. 听录音并跟读，注意调型4的读法。

А Ле́на？   А И́ра？   А соль？   А вокза́л？

1) —Где са́хар？   —Здесь.
   —А соль？   —Соль там.

2) —Что ты хо́чешь, / ко́фе / и́ли чай？   —Ко́фе.
   —А Ле́на？   —Чай.

Упражне́ние 9. 听录音并跟读。

1) —Где апте́ка？   —Напро́тив на́шей гости́ницы.
   —А больни́ца？   —Недалеко́ от вокза́ла.

2) —Вы бы́ли в Большо́м теа́тре？   —Да.
   —А в Ма́лом теа́тре？   —То́же был.

Упражне́ние 10. 临摹字帖。

жена шестой цифра младший
Время не скажешь?
Говорите громче!

КОММЕНТАРИИ (注释)

к сожалéнию 很遗憾　　Скажи́те, пожа́луйста ... 请问……　　на автóбусе 乘公共汽车
на метрó 乘地铁　　　 Пожа́луйста. 不用客气。　　　　Говори́те грóмче! 大点儿声说！

НОВЫЕ СЛОВА (生词)

тóже 也　　　два́дцать 二十　　пя́тница 星期五　　шесть 六　　　шестна́дцать 十六
цветы́ 花　　 мла́дший 年幼的　ста́рший 年长的　роди́тели 父母　ве́тер 风
вéчер 夜晚；晚会　　　　　　　воскресéнье 星期日　лéтом 夏天　университéт 大学
вокза́л 火车站　　　　　　　　здесь 在这里　　　　чай 茶　　　больни́ца 医院

ЗАДАНИЯ

A. 练习。

1. 听Упражнéния 1—9 的录音并跟读。
2. 抄写Упражнéние 6。

B. 思考题。

1. 元音[a], [o]在辅音[ж], [ш], [ц]后要弱化到几级？
2. 带и́ли的选择疑问句中, и́ли之前的语段要用哪个调型来读, 之后的语段要用哪个调型来读？
3. 调型4的读音特点是什么？

语音导论课　УРОК 9

УРОК 10

- I. 调型 4(2)
- II. 未完结语调和完结语调
- III. 俄罗斯人的名字和父称的读音特点
- IV. 俄语的词类

I. 调型 4(2)

听录音请扫二维码

表示查询和要求的疑问句用调型 4 读。

Упражнение 1. 听录音并跟读，注意调型 4 的读法。

1) Ва́ша фами́лия⁴? И́мя⁴? О́тчество⁴?　　Год рожде́ния⁴? Отку́да ро́дом⁴?
2) Ваш биле́т⁴? Ваш па́спорт⁴?　　Ваш про́пуск⁴?

Упражнение 2. 听录音并跟读。

—Ва́ше и́мя⁴?　　—Оле́г¹.
—О́тчество⁴?　　—Петро́вич¹.
—Фами́лия⁴?　　—Алексе́ев¹.

II. 未完结语调和完结语调

未完结语调用于语义未完结的语段，表示语句未结束。未完结语调的主要表达手段是升调（调型 3，调型 4 等），以及较短的停顿。

■ Упражнение 3. 听录音并跟读，注意未完结语调的读法。

1) От оби́ды / Ма́ша запла́кала.
2) Чайко́вский — / вели́кий ру́сский компози́тор.
3) Че́хов — / вели́кий ру́сский писа́тель.
4) Наш шофёр — / люби́тель футбо́ла.
5) В э́том го́роде / я никогда́ не́ был.

完结语调用于语义完结的句末语段，其主要表达手段是降调（调型1和调型2），以及较长的停顿。

■ Упражнение 4. 听录音并跟读，注意完结语调的读法。

1) Мы заключи́ли контра́кт. 2) Мой оте́ц — / инжене́р.
3) Моя́ мать — / преподава́тель.
4) —Ты взял мою́ кни́гу? —Нет.
   —А кто же взял? —Не зна́ю.

■ Упражнение 5. 听录音并跟读，注意未完结语调、完结语调的读法。

1) Моя́ сестра́ у́чится в Пари́же, / а я — в Москве́.
2) Она́ прие́хала из А́нглии, / а я — из Ита́лии.
3) Как то́лько верну́сь, / сра́зу тебе́ позвоню́.

■ Упражнение 6. 听录音并跟读。

—Где ты проводи́л кани́кулы в про́шлом году́? —В Шанха́е.
—А куда́ ты собира́ешься в э́том году́? —В Пеки́н.

Ⅲ. 俄罗斯人的名字和父称的读音特点

当名字与父称连用时，常见的俄罗斯女性父称中的 -ee 通常只发一个 [e] 音，-áe 通常只发一个 [a] 音，非重读的 -ов, -ев 通常不发音，例如：

Серге́евна — Серг[е́]вна   Никола́евна — Никол[а́]вна
Ива́новна — Ива́[нн]а   Васи́льевна — Васи́[л' нъ]

俄罗斯男性父称中，非重读的后缀 -ович 通常读成 [ыч]，-евич 读成 [ич]，例如：

Ива́нович — Ива́н[ыч]   Миха́йлович — Миха́йл[ыч]
Никола́евич — Никола́[ич]   Васи́льевич — Васи́[л' ич']

Григо́рьевич — Григо́[р′ич′]   Алексе́евич—Алек[с′е́ич]

Упражнение 7. 听录音并跟读，注意非重读父称的读法。

1) Познако́мьтесь, / э́то Ива́н Ива́нович, / а э́то Серге́й Серге́евич.
2) Ната́лья Никола́евна лю́бит чита́ть Пу́шкина, / а Ви́ктор Ви́кторович — Толсто́го.
3) Любо́вь Алексе́евна — / преподава́тель, / а Наде́жда Ива́новна — / инжене́р.

IV. 俄语的词类

俄语的词类分为十类：

名词（и́мя существи́тельное）是表示"事物"的词类，有性、数、格的变化，可以用形容词说明，在句中主要做主语或补语。例如：ма́ма, па́па, па́спорт, молоко́等。

动词（глаго́л）表示作为过程的动作或行为，具有体、态、式、时、人称等语法范畴，在句中主要做谓语。例如：идти́, спать, купи́ть等。

形容词（и́мя прилага́тельное）是表示事物特征的词类，有性、数、格的变化，主要用来说明名词，和被说明的词在性、数、格上一致。形容词在句中做定语或谓语。例如：большо́й, зелёный, кра́сный等。

代词（местоиме́ние）是概括地指称事物、特征、数量等的一种特殊的实词，代词分为人称代词、物主代词、疑问代词、指示代词等九类。例如：я, мой, кто, э́тот等。

俄罗斯人的姓名由三部分组成：名字、父称、姓，例如：Алекса́ндр Серге́евич Пу́шкин。父称由父亲的名字构成，例如：父亲的名字是Алексе́й，孩子的父称就应该是Алексе́евич（Алексе́евна）。

副词（наре́чие）是一种不变格、不变位的实词，在句中主要做状语，说明动词和形容词或其他副词，表示动作、状态的特征或特征的特征。例如：бы́стро, ни́зко, ча́сто等。

数词（и́мя числи́тельное）是实词的一种，它表示抽象的数目，事物的数量，或事物的顺序。例如：два, три, четы́ре, пе́рвый等。

前置词（предло́г）是一种虚词，表示实词在语法上对另一实词的从属联系。前置词一般总是放在实词之前。例如：в, на, до, к等。

连接词（сою́з）是一种虚词，连接句中成分或复句中分句，并表明它们之间的语法联系和意义关系。例如：а, и, как等。

语气词（части́ца）是虚词的一种，它赋予个别词或整个句子不同的语气或各种细微的附加意味。例如：бы, да, нет, не, ни等。

感叹词（междоме́тие）是一种表示说话人各种感情和意愿的不变化的词。例如：ax, ox等。

Упражнение 8. 听录音，跟读下列名词。

биле́т, де́ньги, па́спорт, ры́нок, такси́, апте́ка, лека́рство
магази́н, рестора́н, гости́ница, суперма́ркет

Упражнение 9. 听录音，跟读下列动词。

бежа́ть, взять, ви́деть, ждать, е́хать, идти́, ку́шать, поня́ть
хоте́ть, подари́ть, позвони́ть, покупа́ть

Упражнение 10. 听录音，跟读下列形容词。

большо́й, вку́сный, кра́сный, плохо́й, высо́кий, зелёный
краси́вый, хоро́ший, ма́ленький, прекра́сный

Упражнение 11. 听录音，跟读下列代词。

я, ты, он, она́, мы, вы, они́, мой, твой, наш, ваш, моя́, твоя́, на́ша
ва́ша, моё, твоё, на́ше, ва́ше, чьё, э́тот, тот, э́та, та, его́, её, их

Упражнение 12. 听录音，跟读下列数词。

оди́н, два, три, четы́ре, пять, шесть, семь, во́семь, де́вять, де́сять
оди́ннадцать, двена́дцать, трина́дцать, четы́рнадцать, пятна́дцать
шестна́дцать, семна́дцать, восемна́дцать, девятна́дцать, два́дцать

КОММЕНТАРИИ (注释)

в Пари́же 在巴黎　　из А́нглии 来自英国　　из Ита́лии 来自意大利
в про́шлом году́ 去年　　в э́том году́ 今年　　Чайко́вский 柴可夫斯基
Че́хов 契诃夫

НОВЫЕ СЛОВА

фами́лия 姓　　и́мя 名字　　о́тчество 父称　　биле́т 票
компози́тор 作曲家　　писа́тель 作家　　преподава́тель 老师　　магази́н 商店
суперма́ркет 超市　　три 三　　четы́ре 四　　де́вять 九

де́сять 十   оди́ннадцать 十一   двена́дцать 十二   трина́дцать 十三
четы́рнадцать 十四   пятна́дцать 十五   семна́дцать 十七   восемна́дцать 十八
девятна́дцать 十九

ЗАДАНИЯ

A. 练习。

1. 听Упражне́ния 1—12 的录音并跟读。
2. 读下列单词，指出它们的词类。
   а́вгуст, авто́бус, ве́тер, вели́кий, вку́сный, высо́кий, зелёный, я, ты, он мы, наш, ваш, э́тот, бы́стро, ни́зко, ча́сто, три, четы́ре, ой, ви́деть идти́, писа́ть, слу́шать, чита́ть, занима́ться
3. 抄写Упражне́ние 4。

B. 思考题。

1. 俄罗斯人的姓名由几部分构成？
2. 根据某人的父称可以推断出其父亲的名字吗？
3. 俄罗斯女性也有父称吗？
4. 俄语中有多少种词类？

УРОК 11

- I. 列举语调和对别语调
- II. 语音小结
- III. 名词的性

I. 列举语调和对别语调

听录音请扫二维码

陈述句中的同等成分用列举语调表达，列举语调的主要表达手段是语段的切分和调型的选择。

列举语调使用调型1，调型2，调型3，调型4。选用哪种调型与语体有关。日常谈话中多用调型3，事务性的谈话中多用调型4，一般叙述时可以用调型1，加重语气时可以用调型2。另外，在列举成分前面有冒号时，冒号前面的词要用调型1读。

Упражнение 1. 听录音并跟读。

1) Вот па́спорт, / ви́за, / спра́вка.
           1   1   1
2) —Каки́е кита́йские города́ вы зна́ете?
                     2
   —Я зна́ю Харби́н, / Шанха́й, / Пеки́н / и Нанки́н.
              3   3   3   1
3) Здесь хорошо́: / со́лнце, / мо́ре, / пляж.
            1   2   2   1
4) Мы купи́ли виногра́д, / ки́ви, / я́блоки, / гру́ши.
                1   3   2   1

Упражнение 2. 听录音并跟读。

1) —В каки́х росси́йских города́х ты был?
   —Я был в Москве́, / Санкт-Петербу́рге, / Красноя́рске.

2) Дни неде́ли называ́ются так: / понеде́льник, / вто́рник, / среда́, / четве́рг, / пя́тница, / суббо́та, / воскресе́нье.

对别语调通常用于带对别连接词 a 的句子中。

读这种句子时，在对别连接词 a 前稍作停顿，停顿前可使用调型 1，也可用调型 3 或调型 4。停顿后的句末语段用调型 1。停顿前使用调型 3 或调型 4 时，突出前后两部分的对别关系，例如：

Это се́вер, / а э́то юг.   Это юг, / а не се́вер.   Это не се́вер, / а юг.

Упражнение 3. 听录音并跟读。

1) Это не пи́во, / а сок.

   Мы отпра́вимся не в де́сять, / а в де́вять часо́в.

   Он живёт не на шесто́м, / а на пя́том этаже́.

   Сего́дня не вто́рник, / а среда́.

   Она́ купи́ла не ю́бку, / а пла́тье.

2) Это Ми́ша, / а э́то Ма́ша.

   Это юг, / а э́то се́вер.

   Я пое́ду на метро́, / а они́ пое́дут на такси́.

   Это тебе́, / а э́то мне.

II. 语音小结

俄语中有 6 个元音，即：[a]，[o]，[y]，[э]，[ы]，[и]。

辅音有 37 个。辅音按发音时声带振动与否，分为清辅音和浊辅音。其中有 12 对辅音是清、浊相对应的，即：

|п| — |б|, |п'| — |б'|, |ф| — |в|, |ф'| — |в'|

|к| — |г|, |к'| — |г'|, |т| — |д|, |т'| — |д'|

|с| — |з|, |с'| — |з'|, |ш| — |ж|, |ш'| — |ж'|

另外，清辅音 |x|, |x'|, |ц|, |ч'| 没有相对应的浊辅音，辅音 |j|, |м|, |м'|, |н|, |н'|, |р|, |р'|, |л|, |л'| 没有相对应的清辅音。

按发音时舌中部是否向硬腭抬起，辅音又分为硬辅音和软辅音。其中有 16 对辅音是硬、软相对应的，即：

|п| — |п'|, |б| — |б'|, |ф| — |ф'|, |в| — |в'|

|т| — |т'|, |д| — |д'|, |с| — |с'|, |з| — |з'|

|к|—|к′|, |г|—|г′|, |х|—|х′|, |м|—|м′|
|н|—|н′|, |р|—|р′|, |л|—|л′|, |ж|—|ж′|
|ш|, |ц|永远是硬辅音，例如：шар, цех。
|ч′|, |ш̄′|永远是软辅音，例如：час, чек, ещё。(注意：在现代俄语中，жж, зж有两种发音：|ж̄′|或是|ж̄|。|ж̄′|是旧莫斯科发音标准。一些教科书中称俄语中有36个辅音，就是没有列入|ж̄′|的缘故。|j|永远是软辅音。

Упражнение 4. 听录音并跟读，注意清、浊辅音的读法。

Но́вый год, сдать экза́мен, стира́льная маши́на, экза́мен на носу́
С Но́вым го́дом!
В гостя́х хорошо́, / а до́ма лу́чше.
Дру́жба — дру́жбой, / а слу́жба — слу́жбой.

Упражнение 5. 听录音并跟读，注意软、硬辅音的读法。

биле́т на самолёт, День Побе́ды, за рулём, стира́ть бельё
С днём рожде́ния!
Семь раз отме́рь, / оди́н раз отре́жь.
Век живи́, / век учи́сь.

Упражнение 6. 听录音并跟读。

Наступи́ло ле́то. Все е́дут отдыха́ть. Пе́тя то́же е́дет. Он е́дет на юг. Там со́лнце, / мо́ре / и пляж. Пе́тя о́чень хо́чет отдыха́ть там: / загора́ть, / купа́ться, / дыша́ть све́жим во́здухом.

III. 名词的性

名词的性通常根据单数第一格的结尾形式来确定，分为阳性，阴性，中性三类。动物（表人和动物）名词大多可以按自然属性划分，例如：де́душка, па́па, дя́дя, ю́ноша为阳性名词。阳性名词通常以硬辅音，-й，-ь结尾，例如：март, май, ию́ль。

Упражнение 7. 听录音，跟读下列阳性名词和句子。

врач, бассе́йн, вокза́л, музе́й, по́езд, теа́тр, авто́бус, магази́н, понеде́льник, вто́рник четве́рг, янва́рь, февра́ль, март, апре́ль, май, ию́нь, ию́ль, а́вгуст, сентя́брь, октя́брь ноя́брь, дека́брь

1) Я зубно́й врач. А вы?

2) Мы хотим пойти в бассейн.

3) Какой автобус идёт на вокзал?

4) На улице идёт дождь.

(注意：дождь有两种读法，其一：〔дош′〕，其二：〔дошт′〕。)

阴性名词通常以 -а, -я, -ь结尾，例如：виза, таможня, тетрадь。

Упражнение 8. 听录音，跟读下列阴性名词和句子。

грудь, виза, вода, груша, книга, нога, рука, река, среда, аптека, больница, девушка погода, пятница, суббота, экскурсия, гостиница, косметика

1) Эта книга интересная?

2) Вода холодная?

中性名词通常以 -о, -е, -мя结尾，例如：небо, море, имя, здание。

Упражнение 9. 听录音，跟读下列中性名词和句子。

время, горло, дело, имя, лицо, место, море, небо, окно, пиво платье, здание, здоровье, лекарство, озеро, воскресенье

1) Как ваше здоровье?

2) Август — самое хорошее время в Харбине.

КОММЕНТАРИИ (注释)

С Новым годом! 新年好！　　　　　　　С днём рождения! 生日快乐！
В гостях хорошо, а дома лучше. 做客千般好，不如家中妙。
Дружба — дружбой, а служба — службой. 交情归交情，公事还得办。(公事公办。)
Семь раз отмерь, один раз отрежь. 三思而后行。　Век живи, век учись. 活到老，学到老。

 **НОВЫЕ СЛОВА (生词)**

солнце 太阳	пляж 沙滩	понедельник 星期一	вторник 星期二
среда 星期三	четверг 星期四	суббота 星期六	север 北方
платье 连衣裙	загорать 晒太阳	купаться 游泳；洗澡	врач 医生
январь 一月	февраль 二月	март 三月	апрель 四月

май 五月　　　　июнь 六月　　　　июль 七月　　　　сентябрь 九月
октябрь 十月　　　ноябрь 十一月　　декабрь 十二月　　дождь 雨
книга 书　　　　　девушка 姑娘　　　горло 喉咙　　　　здание 楼房；建筑
здоровье 身体；健康

A. 练习。

1. 听Упражнения 1—9 的录音并跟读。
2. 听录音，标调型。
    —Скажите, пожалуйста, как мне доехать до кинотеатра «Россия»?
    —На автобусе или на метро.
    —Какой автобус идёт до кинотеатра?
    —Пятый.
    —А где ближайшая остановка автобуса?
    —На улице Дмитриева. Прямо около станции метро.
3. 指出下列名词的性。
    клуб, курс, май, март, декабрь, декан, доска, доцент, дядя, здание, корпус, море, моряк
    музей, полка, ректор, словарь, тетрадь, язык, учебник, девушка, мужчина, профессор
    учитель, факультет, юноша, библиотека, общежитие, преподаватель, аудитория
4. 抄写Упражнение 6。

B. 思考题。

1. 俄语中共有几个元音？元音字母有几个？
2. 俄语中的33个字母可以表示多少个音？
3. 俄语中的名词分阳性、阴性和中性吗？

C. 判定以ь结尾的名词的性的一些方法：

1) 表人的名词基本属阳性，只有个别的词为阴性，例如：мать, дочь。
2) 表月份的名词全属阳性。
3) 表抽象概念的名词基本属阴性，例如：жизнь。
4) 具有集合意义的名词基本属阴性，例如：молодёжь。
5) 以-ость结尾的名词属阴性，例如：новость。
6) -ь前为ж, ч, ш, щ的名词，基本是阴性，例如：рожь, ночь。
7) 以-арь结尾的名词基本是阳性，例如：словарь, календарь。

УРОК 12

- I. 部分外来词的读法
- II. 语调小结
- III. 形容词的性和复数

I. 部分外来词的读法

听录音请扫二维码

外来词的读法有其自身的特点，读时要特别注意。

1. 非重读音节中元音[o]的发音：

某些外来词和某些外国人名中的[o]音，在非重读音节中不发生弱化，例如：какáо — какá[o]，рáдио — рáди[o]。

2. 元音字母e前辅音的发音：

某些外来词中的辅音在e前读硬音。这类辅音大多是[т]、[д]、[н]、[с]、[з]和[р]，例如：отéль — о[тэ]ль，бутербрóд — бу[тэ]рбрóд。

3. 辅音音组дж的发音：

外来词中的字母组合дж，读作[ӂ]（近似于汉语的 «zhi»），例如：джем — [ӂ]ем，джи́нсы — [ӂ]и́нсы。

Упражнение 1. 听录音并跟读，注意外来词的读法。

картóфельное пюрé, отдыхáть в фойé, купи́ть джи́нсы
нóвый отéль, хозя́ин кафé, взять интервью́

1) Во врéмя антрáкта зри́тели отдыхáют в фойе.¹

2) Они́ едя́т бутербрóды,³ / пьют кóфе.¹

3) Я взял интервью́ у хозя́ина кафé.¹

II. 语调小结

调型1用于：

1. 陈述句末，例如：

    Анна идёт домой.
         　　　1

    Анна Сергеевна — / наш любимый преподаватель.
    　　　1　　　　　　　　　　　1

2. 列举事物时，例如：

    В холодильнике есть всё : / мясо, / рыба, / овощи, / фрукты.
    　　　　　　　　　　　1　　1　　1　　1　　1

调型2用于：

1. 带疑问词的疑问句中，例如：

    Где Яша работает ?   Как Ира учится?
     2　　　　　　　　　　 2

2. 打招呼、问候、告别、致谢、致歉、祝愿、要求、命令、建议、警告等用语或祈使句中，例如：

    Нина, / здравствуй!   До свидания!   Спасибо!
      2   2   2

    Извините!   Всего хорошего!   Не опаздывайте!
     2   2   2

3. 应答句中，例如：

    —Осторожно! Не простудись!   —Не беспокойся.
        2   2   2

4. 带или的选择疑问句末尾语段中，例如：

    Это мне / или тебе?
        3   2

5. 列举人或事物时，例如：

    Я видел всех : / и Машу, / и Иру, / и Петю.
         　　1　　　　2　　　　2　　　1

调型3用于：

1. 不带疑问词的疑问句中，例如：

    Саша твой друг?
      3

2. 列举事物时，例如：

    Я была в Шанхае, / Пекине, / Нанькине / и Харбине.
             3   3   3   1

3. 连接词или之前的语段中，例如：

    Саша поедет в Англию / или в Италию?
                    3   2

4. 对比连接词a之前，例如：

    Это яблоко мне, / а это тебе.
         3   1

5. 重问句中，例如：

    —Как тебя зовут ?   —Гена.   —Как?
        2   1   3

6. 反问句中，例如：

    —Что ты делаешь ?   —Что я делаю ? Читаю.
      2   3   1

7. 未完结的非句末语段中，例如：

Ве́чером³ / мы пойдём¹ в го́сти.

调型4用于：

1. 带对别连接词а的疑问句中，例如：

Меня́ зову́т¹ На́дя. А тебя́ как зову́т⁴?

2. 表示查询和要求的疑问句中，例如：

И́мя⁴? О́тчество⁴? Фами́лия⁴? Телефо́н⁴?

Ваш биле́т⁴?

3. 列举事物时，例如：

Э́то бана́ны⁴, / арбу́з⁴, / ды́ня⁴ / и гру́ши¹.

4. 对别连接词а之前，例如：

Э́то ко́ка-ко́ла⁴, / а э́то пе́пси-ко́ла¹.

Упражне́ние 2. 听录音并跟读，注意调型。

1) Э́то мои́ роди́тели. Они́ уже́ на пе́нсии.

2) У Са́ши до́ма есть всё¹: / телеви́зор¹, / холоди́льник¹ / и стира́льная маши́на¹.

3) До́брый день¹!

Здра́вствуйте²!   До свида́ния²!   Спаси́бо²!

Прости́¹!   Прости́те²!   Не шуми́те²!

Закро́йте окно́²!   Входи́те²!   Всего́ хоро́шего²!

Упражне́ние 3. 听录音并跟读，注意调型。

Почему́² она́ пла́чет?   Когда́² вы бы́ли в теа́тре?   Чей² э́то уче́бник?

Чей² э́то па́спорт?   Чья² э́то су́мка?

Упражне́ние 4. 听录音并跟读，注意调型。

1) Са́ша инжене́р³?

Вода́ тёплая³?

Я купи́ла мя́со³, / ры́бу³, / фру́кты³ / и о́вощи¹.

Пе́тя студе́нт³, / а Лю́ба аспира́нтка¹.

Зимо́й³ / мы хо́дим на лы́жах³, / ката́емся на конька́х¹.

2) —Како́й² тролле́йбус идёт до вокза́ла?   —Оди́ннадцатый¹.

3) —Что ты пи́шешь? 　　　　　　—Что я пишу́? Статью́.
4) —Как тебя́ зову́т? 　　　　　　—Ни́на.　　—Как?

Упражне́ние 5. 听录音并跟读，注意调型。

А ты?　А ты отку́да?　Ваш па́спорт?　Твой биле́т?
Это Пе́тя, / а э́то Ва́ся.　Мы бы́ли в Пари́же, / Ло́ндоне, / Москве́ / и Вене́ции.

III. 形容词的性和复数

形容词有性、数的变化，与名词连用时，必须同名词的性、数保持一致。形容词的词尾基本上可分为硬变化和软变化两大类。硬变化是 –ый (阳性), –ая (阴性), –ое (中性)；软变化是 –ий (阳性), –яя (阴性), –ее (中性)。但要注意：

1. 硬变化的词，如果重音在词尾，则阳性不是 –ый，而是 –ой，例如：большо́й。
2. 在 г, к, х 和 ж, ш, ч, щ 之后不能写 ы 或 я，而要分别写 и 或 а。例如：ти́хий, лёгкий, жи́рный, рабо́чая。

数	性	形容词	名　词
单数	阳性	но́вый	го́род
	阴性	но́вая	гости́ница
	中性	но́вое	зда́ние
复数		но́вые	города́ гости́ницы зда́ния

Упражне́ние 6. 听录音，跟读下列阳性形容词和句子。

бе́лый, большо́й, вку́сный, жа́ркий, жёлтый, кра́сный
ни́зкий, плохо́й, тёплый, чёрный, весёлый
высо́кий, глубо́кий, зелёный, холо́дный, широ́кий, краси́вый

1) Мне, пожа́луйста, зелёный чай.　2) Это Большо́й теа́тр.　3) Борщ о́чень вку́сный.

Упражне́ние 7. 听录音，跟读下列阴性形容词и句子。

бе́лая, больша́я, вку́сная, жа́ркая, жёлтая, кра́сная
ни́зкая, плоха́я, тёплая, краси́вая, чёрная, весёлая
высо́кая, глубо́кая, зелёная, холо́дная, широ́кая

1) Жёлтая река́ больша́я и широ́кая.　2) Сего́дня жа́ркая пого́да.
3) У сы́на высо́кая температу́ра.　4) Это больша́я аудито́рия.

Упражнение 8. 听录音，跟读下列中性形容词和句子。

бе́лое, большо́е, вку́сное, жа́ркое, жёлтое, кра́сное
ни́зкое, плохо́е, тёплое, краси́вое, чёрное, весёлое
высо́кое, глубо́кое, зелёное, холо́дное, широ́кое

1) У меня́ настрое́ние плохо́е. 2) О́зеро Байка́л о́чень глубо́кое.

3) Пи́во холо́дное и вку́сное.

Упражнение 9. 听录音并跟读。

бе́лые, больши́е, вку́сные, жа́ркие, жёлтые, кра́сные
ни́зкие, плохи́е, тёплые, краси́вые, чёрные, весёлые
высо́кие, глубо́кие, зелёные, холо́дные, широ́кие

1) В Пеки́не везде́ высо́кие дома́, / широ́кие у́лицы.

2) Здесь ле́том бе́лые но́чи. 3) У неё глаза́ о́чень краси́вые.

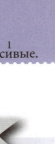

КОММЕНТАРИИ (注释)

карто́фельное пюре́ 土豆泥 ката́емся на конька́х 滑冰 Всего́ хоро́шего! 万事如意!
Не шуми́те! 别吵! Входи́те! 请进! Байка́л 贝加尔湖

НОВЫЕ СЛОВА (生词)

хозя́ин 主人　　　кафе́ 咖啡馆　　　телеви́зор 电视　　　холоди́льник 冰箱
бе́лый 白色的　　больш́ой 大的　　вку́сный 好吃的　　жёлтый 黄色的
плохо́й 不好的, 坏的　весёлый 愉快的　высо́кий 高大的　глубо́кий 深的
зелёный 绿色的　　широ́кий 宽阔的　краси́вый 好看的　настрое́ние 情绪
аудито́рия 教室

A. 练习。

1. 听Упражнéния 1—9 的录音并跟读。
2. 听录音，标调型。

   1) —Что вы тут дéлаете? Смóтрите телевúзор?
      —Нет, что вы! Занимáемся!
      —Какúе молодцы́! Тóлько вы́ключите телевúзор.

   2) —Поговорúте немнóжко с нáми!
      —О чём?
      —О чём хотúте.

   3) —Вы бы́ли на у́лице?
      —Да, погуля́ла немнóго. Сегóдня хорóшая погóда, прáвда?
      —Да, прекрáсная.

   4) —В прóшлом годý я былá в Шанхáе. Это красúвый гóрод.
      —А мне бóльше нрáвится Пекúн.
      —Не бýдем спóрить. В кáждом гóроде есть своё осóбенное.

   5) —Ужé пóздно. Зáвтра рáно встaвáть.
      —Спокóйной нóчи!

3. 抄写Упражнéние 8。

B. 思考题。

1. 我们学过的 4 种调型中哪种调型的用途最广？
2. 俄语的形容词有性和数的范畴吗？
3. 俄语字母表除告诉我们字母排列的顺序之外，还可以在哪些方面为我们提供帮助？

УРОК 1 (ПЕРВЫЙ)

ГРАММАТИКА
- I. 名词的复数
- II. 人称代词
- III. 代词的性、复数

ТЕКСТ   Наш университет

ГРАММАТИКА

听录音请扫二维码

I. 名词的复数

大多数俄语名词通常有单数和复数两种形式。单数形式通常表示一个人或一件事物。复数形式表示两个或两个以上的人或事物。名词单、复数各有不同的词尾形式。名词的复数没有性的区别。

单 数	复 数	词 尾	说 明
студе́нт биле́т	студе́нты биле́ты	-ы	硬辅音结尾加-ы
у́лица ко́мната	у́лицы ко́мнаты		-а 变 -ы
вещь слова́рь музе́й дере́вня	ве́щи словари́ музе́и дере́вни	-и	-ь -й 变 -и -я
ме́сто окно́	места́ о́кна	-а	-о 变 -а
по́ле зда́ние	поля́ зда́ния	-я	-е 变 -я

注意：

① г, к, х及ж, ш, щ, ч后面不能写-ы, 而要写-и, 例如：парк — па́рки, эта́ж — этажи́。

② 有些名词变复数后，重音移动，例如：врач — врачи́, о́зеро — озёра, ме́сто — места́。

③ 有些阳性名词的复数形式不是-ы(-и), 而是-а(-я), 这时，重音移至词尾-а(-я)上，例如：
го́род — города́, учи́тель — учителя́。

④ 有些名词的复数形式以-ья结尾，例如：
брат — бра́тья, друг — друзья́, де́рево — дере́вья, стул — сту́лья, сын — сыновья́。

⑤ 有些外来词不变化，例如：пальто́, кино́, метро́。

⑥ 有些名词的复数形式比较特殊，例如：дочь — до́чери, мать — ма́тери, хозя́ин — хозя́ева。

⑦ 以-ец结尾的名词，如果-ец前为元音字母，е改为й，再加词尾-ы，例如：кита́ец — кита́йцы；如果-ец前为辅音字母，去掉е，再加上词尾-ы，例如：иностра́нец — иностра́нцы。

⑧ 带有后缀-анин (-янин) 结尾的名词，变复数时，-а(-я)нин改为-а(-я)не，例如：россия́нин — россия́не。

⑨ 以-мя结尾的中性名词，变化特殊，例如：и́мя — имена́, вре́мя — времена́。

II. 人称代词

俄语中的人称代词有三个人称形式。第一人称指说话者自己，第二人称指谈话对方，第三人称指谈话涉及的其他对象。

人称 \ 数	单 数	复 数
第一人称	я	мы
第二人称	ты	вы
第三人称	он, она́, оно́	они́

第二人称代词вы可以表示"你们"，例如：Вы студе́нты?(你们是大学生吗？)，也可以表示"您"，例如：Вы студе́нт?(您是大学生吗？)

第三人称代词он(他)用来指称前面提及的阳性名词；она́(她)用来指称前面提及的阴性名词；оно́(它)用来指称前面提及的中性名词；они́(他们)用来指称前面提及的复数名词。第三人称代词可以指人，也可以指物，例如：

1) —Где ста́роста?
班长在哪儿？
—Вот он.
他在这儿。

2) —Где Ира?
伊拉在哪儿？
—Она́ там.
她在那儿。

3) —Где моё ме́сто?
我的位置在哪儿？
—Вот оно́.
在这儿。

4) —Где роди́тели?
父母在哪儿？
—Они́ там.
他们在那儿。

III. 代词的性、复数

疑问代词чей和物主代词的性和复数

疑问代词чей和物主代词мой, твой, наш, ваш有性、数、格的变化，和名词连用时，要与被说明的词在性、数、格上一致。

疑问代词чей和物主代词мой，твой，наш，ваш的性

词类 性	疑问代词	物主代词					例词
阳性	чей	мой	твой	наш	ваш	его	учебник
阴性	чья	моя	твоя	наша	ваша	её	комната
中性	чьё	моё	твоё	наше	ваше	их	место

注意：物主代词его，её，их没有性、数、格的变化。

疑问代词чей和物主代词мой，твой，наш，ваш的复数

	疑问代词			物主代词									
单数	чей	чья	чьё	мой	моя	моё	твой	твоя	твоё	наш	наша	наше	ваш	ваша	ваше
复数	чьи			мои			твои			наши			ваши		

疑问代词какой的性、复数

疑问代词какой有性、数、格的变化，同形容词一样，与名词连用时，必须与被说明的词在性、数、格上一致。

疑问代词какой的性、数

数 性	单数	复数
阳性	какой	
阴性	какая	какие
中性	какое	

指示代词э́тот，тот和限定代词весь，свой的性、复数

指示代词э́тот，тот和限定代词весь，свой有性、数、格的变化，在句中通常做定语，并与被说明的名词保持性、数、格的一致。此时，释义为："这个"、"那个"、"整个，全体"、"自己的"。э́то，то在句中还可以做主语，与后面的名词不发生一致联系。释义为："这是"。试比较：

Эта де́вушка — моя́ подру́га. / 这个姑娘是我的女朋友。
Это моя́ подру́га. / 这是我的女朋友。

指示代词э́тот，тот和限定代词весь，свой的性

性 词类	阳 性	阴 性	中 性
指示代词	э́тот, тот	э́та, та	э́то, то
限定代词	весь свой	вся своя	всё своё
名 词	город	больница	село

指示代词 этот, тот 和限定代词 весь, свой 的复数

性、数 词类	阳 性	阴 性	中 性	复 数
指示代词	этот, тот	эта, та	это, то	эти, те
限定代词	весь свой	вся своя	всё своё	все свои

РЕЧЕВЫЕ ОБРАЗЦЫ

1. —Кто он ?
   —Он наш декан / ректор .
   (сосед, преподаватель, староста)

2. —Иванов артист / учитель ?
   —Да, он артист / учитель .
   (врач, гид, инженер)

3. —Эти девушки — медсёстры / учительницы ?
   —Нет, они не медсёстры / учительницы , а певицы / артистки .
   (студентки, стюардессы)

4. —Чей это учебник / словарь ?
   —Это мой учебник / словарь .
   (твой, наш, ваш, его, её; карандаш, компьютер)

5. —Чья это сумка / ручка ?
   —Это моя сумка / ручка .
   (твоя, наша, ваша; машина, книга, комната)

6. —Чьё это место / пальто ?
   —Это моё место / пальто .
   (твоё, наше, ваше; бельё, молоко, яблоко)

7. —Чьи это очки / брюки?

—Это мои очки / брюки.

(твой, наши, ваши; фрукты, туфли)

8. —Какой это город?

—Это современный город.

(парк, вокзал, университет; большой, красивый)

9. —Какая это аудитория?

—Это светлая и большая аудитория.

(библиотека, страна; современная, древняя)

10. —Какие это фрукты?

—Это свежие фрукты.

(вкусные, красные; розы, яблоки)

ВОПРОСЫ И ОТВЕТЫ

1. —Иванов инженер? —Да, он инженер.
2. —Петров врач? —Нет, он преподаватель.
3. —Кто он, наш новый декан? —Нет, он наш новый ректор.
4. —Та девушка твоя подруга? —Нет, она моя сестра.
5. —Где ваша столовая? —Вот она.
6. —Чей это словарь? —Мой.
7. —Чья это книга? —Его.
8. —Это ваш учебник? —Да, это мой учебник.
9. —Какой это корпус? —Это главный корпус.
10. —Какие это факультеты? —Это гуманитарные факультеты.

ДИАЛОГИ

1. —Кто тот мужчина?
   —Он наш декан.
   —А та красивая девушка?
   —Она наш преподаватель.

2. —Это столовая?
   —Да, столовая.
   —А рядом что?
   —Рядом общежитие.

基础课 УРОК 1

3. —Скажи́те, пожа́луйста①, где уче́бный ко́рпус?
—Вон там.
—То высо́кое зда́ние?
—Да.

4. —Молодо́й челове́к, э́то библиоте́ка?
—Нет, э́то музе́й.
—Како́е краси́вое зда́ние! А где библиоте́ка?
—Вон там.

ТЕКСТ

Наш университе́т

Я но́вая студе́нтка. Моя́ фами́лия Чжа́о, а и́мя Линь. Сего́дня я ваш гид.

Э́то наш университе́т. Он совреме́нный вуз. Вот гла́вный вход. Э́то высо́кое зда́ние — гла́вный уче́бный ко́рпус. Здесь нахо́дятся② ректора́т и все гуманита́рные факульте́ты.

Напро́тив — на́ша библиоте́ка. А ря́дом столо́вая и поликли́ника. Нале́во — спорти́вный зал. Напра́во — наш клуб.

Там стадио́н и бассе́йн. А те зда́ния — на́ши общежи́тия.

Наш университе́т о́чень большо́й. Здесь мы живём и у́чимся③.

КОММЕНТАРИИ

① Скажи́те, пожа́луйста... 请问……　② нахо́дятся 位于, 在(动词复数第三人称形式)
③ Здесь мы живём и у́чимся. 我们在此生活和学习。

НОВЫЕ СЛОВА И СЛОВОСОЧЕТАНИЯ

пе́рвый, -ая, -ое, -ые 第一(的)
грамма́тика 语法
у́лица, -ы 街道
ко́мната, -ы 房间
вещь, -и [阴]物品；行李
дере́вня, -и 农村
по́ле, -я 田野
эта́ж, -и́ 层, 楼层
о́зеро, озёра 湖, 湖泊
го́род, -а́ 城市
учи́тель, -я́ [阳]教师

де́рево, дере́вья 树
пальто́ [不变]大衣
кита́ец, -йцы 中国人
иностра́нец, -нцы 外国人
россия́нин, -я́не 俄罗斯人
ста́роста, -ы [共]班长
наш, -а, -е, -и [代] 我们的
мой, -я́, -ё, -и́ [代]我的
твой, -я́, -ё, -и́ [代]你的
ваш, -а, -е, -и [代]您的；你们的
его́ [代] 他的

её [代] 她的
речевы́е образцы́ 言语范句
дека́н, -ы 系主任
ре́ктор, -а́ 校长
гид, -ы 导游
инжене́р, -ы 工程师
медсестра́, -сёстры 护士
учи́тельница, -ы 女教师
арти́стка, -и 女演员
студе́нтка, -и 女大学生
уче́бник, -и 教科书

карандáш, -и́ 铅笔
компью́тер, -ы 电脑
ру́чка, -и 钢笔；圆珠笔
маши́на, -ы 汽车
бельё 内衣
молокó 牛奶
я́блоко, -и 苹果
очки́ [复]眼镜
брю́ки [复]裤子
ту́фли [复]单皮鞋
совремéнный, -ая, -ое, -ые 现代的
свéтлый, -ая, -ое,-ые 明亮的
библиотéка, -и 图书馆
странá, -ы 国家
дрéвний, -яя, -ее, -ие 古老的

свéжий, -ая, -ое, -ие 清新的
рóза, -ы 玫瑰
вопрóсы и отвéты 问与答
вот [语气词] 瞧，这就是
кóрпус, -á 一栋楼房；厂房
глáвный, -ая, -ое, -ые 主要的
факультéт, -ы 系
гуманитáрный, -ая, -ое, -ые 文科的
диалóг, -и 对话
мужчи́на, -ы 男子
ря́дом [副] 旁边；紧邻
учéбный, -ая, -ое, -ые 教学的
вон [语气词]那里
высóкий, -ая, -ое, -ие 高的
музéй, -и 博物馆

а [连] 而
вуз, -ы 高等院校
находи́ться 位于
ректорáт, -ы 校长办公室
напрóтив [副] 对面
поликли́ника, -и 门诊部
налéво [副] 向左；在左边
спорти́вный, -ая, -ое, -ые 体育的
зал, -ы 大厅
напрáво [副]向右；在右边
клуб, -ы 俱乐部
стадиóн, -ы 体育场
бассéйн, -ы 游泳池

ВНЕАУДИТОРНЫЕ УПРАЖНЕНИЯ И ЗАДАНИЯ
(课外练习与作业)

 1. 记住下列词和词组的复数形式。

брат — брáтья   сын — сыновья́   дочь — дóчери   мать — мáтери
стул — сту́лья   дéрево — дерéвья   хозя́ин — хозя́ева   окнó — óкна
óпытные медсёстры   широ́кие поля́   больши́е глазá   си́ние моря́
извéстные профессорá живопи́сные местá   больши́е городá

 2. 按示例将下列句子变成复数形式。

示例：Это моя́ кни́га. → Это мои́ кни́ги.

- Это глубóкое óзеро.
- Это но́вый дом.
- Это высóкое здáние.
- Это хорóший певéц.
- Это чи́стая тарéлка.
- Это кни́жный магази́н.

 3. 用 он, онá, онó, они́ 填空。

示例：— Где Ивáн Ивáнович? — Он здесь.

1) — Где Макси́м? — ... там.
2) — Где Ни́на? — ... здесь.
3) — Где моё мéсто? — ... там.
4) — Где билéт и пáспорт? — ... здесь.

5) — Где газе́та? — ... там.   6) — Где моё пальто́? — ... здесь.

4. 选择右边适当的名词续句子，回答问题。

示例： — Скажи́те, пожа́луйста, чей э́то стул?
— Э́то мой стул.

1) — Вы не зна́ете, чей э́то...   па́спорт
чья э́то...   ме́сто
чьё э́то...   вещь   ?
чьи э́то...   журна́лы

2) — Скажи́те, пожа́луйста, како́й э́то...   го́род
кака́я э́то...   гости́ница
како́е э́то...   село́
каки́е э́то...   дворе́ц   ?
зда́ние
факульте́ты

5. 对下列问题作肯定和否定的两种回答，并将名词或词组变成复数形式。

示例： — Э́то ваш но́мер?
肯定回答： — Да, э́то наш но́мер. —Да, э́то на́ши номера́.
否定回答： — Нет, э́то не наш но́мер. —Нет, э́то не на́ши номера́.

1) Э́то твой биле́т? 2) Э́то твоя́ газе́та?
3) Э́то твоё ме́сто? 4) Э́то ва́ша ко́мната?
5) Э́то ва́ше пальто́? 6) Э́то ваш чемода́н?
7) Э́то его́ па́спорт? 8) Э́то её су́мка?
9) Э́то их маши́на? 10) Э́то музе́й?
11) Э́то совреме́нный го́род? 12) Э́то краси́вый парк?
13) Тот молодо́й челове́к — ваш шофёр? 14) Та де́вушка — ваш гид?
15) Э́то зда́ние — гости́ница?

6. 用形容词填空。

示例: молодо́й

Э́то молодо́е де́рево.
Тот молодо́й челове́к — наш гид.
Она́ о́чень молода́я.
Э́то молоды́е преподава́тели.

1) но́вый

Э́то ... гости́ница.
Там ... дом.
А́нна ... студе́нтка.
Те зда́ния — на́ши ... общежи́тия.

2) хоро́ший

Сего́дня ... пого́да.
Наш но́мер о́чень ...
Э́то ... вино́.
Э́то ... лю́ди.

3) большо́й

Пеки́н — ... и краси́вый го́род.
О́зеро Сиху́ ... и краси́вое.
На́ша аудито́рия ... и чи́стая.
Э́то ... города́.

 7. 按示例用括号内的形容词续对话。

示例: — Э́то на́ша гости́ница.
— Кака́я она́ высо́кая!

1) — Э́то Истори́ческий музе́й. (большо́й) — ...
2) — Вот наш городско́й парк. (краси́вый) — ...
3) — Э́то наш университе́т. (большо́й) — ...
4) — Ивано́в — преподава́тель. (молодо́й) — ...
5) — Э́то моя́ ко́мната. (ую́тный) — ...
6) — Вот на́ша маши́на. (краси́вый) — ...
7) — Э́то на́ши общежи́тия. (чи́стый) — ...
8) — Э́то мои́ роди́тели. (до́брый) — ...

8. 将右边表颜色的形容词变成需要的形式，并回答问题。

1) Како́й(-и́е) э́то га́лстук(-и)（领带）
   плащ(-и́)（风衣）
   шарф(-ы)（围巾）

2) Кака́я(-и́е) э́то ю́бка(-и)（裙子）
   руба́шка(-и)（衬衣）
   блу́зка(-и)（女衬衣）

3) Како́е(-и́е) э́то пальто́（大衣）
   пла́тье(-я)

кра́сный　红色的
ора́нжевый　橙黄色的
жёлтый　黄色的
фиоле́товый　紫色的
ро́зовый　粉红色的
се́рый　灰色的
голубо́й　天蓝色的
кори́чневый　棕色的

 9. 用右边的形容词回答问题。

Кака́я сего́дня пого́да?

прекра́сная (极好的)
па́смурная (阴的，阴暗的)
со́лнечная (有阳光的，阳光明媚的)
тёплая (温暖的)
холо́дная (寒冷的)

10. 将下列句子译成汉语，注意指示代词的用法。

1) Это наш гид. Его фами́лия Ван.   2) Тот мужчи́на — мой большо́й друг.
3) Это зда́ние ста́рое, а то зда́ние но́вое.   4) Это живопи́сный го́род.
5) Этот молодо́й челове́к — инжене́р.   6) Этот инжене́р о́чень молодо́й.
7) Это интере́сная кни́га.   8) Эта кни́га о́чень интере́сная.
9) Это небольшо́й дом.   10) Этот небольшо́й дом — музе́й.

11. 将下列句子译成俄语。

1) 这是一家大电影院。这家电影院很大。
2) 这是一件很漂亮的大衣。这件大衣很漂亮。
3) 这座城市又美丽又干净。这是一座又美丽又干净的城市。
4) 这个房间是我的。这是我的房间。
5) 那是我们的车。那辆车是我们的。
6) 那个姑娘很漂亮。那个漂亮姑娘是我们的老师。
7) 这是一个小村庄。这个村庄很小。
8) 这是谁的词典？这个词典是谁的？

12. 翻译下列词组。

1) гла́вный вход   учебный ко́рпус   совреме́нный вуз
   спорти́вный зал   городска́я библиоте́ка   Истори́ческий музе́й
   кни́жный магази́н   гуманита́рные факульте́ты   больша́я и чи́стая столо́вая

2) 整个城市   整本书   全天   全家   全校
   全村   全市   全系   全国   所有大学生
   所有老师   所有报纸   所有杂志

13. 背诵课文。

14. 如果不困难，就请记住下列词汇。

中国 ➡ Кита́й
中华人民共和国 ➡ Кита́йская Наро́дная Респу́блика (КНР)
俄罗斯 ➡ Росси́я
俄罗斯联邦 ➡ Росси́йская Федера́ция (РФ)

交际用语

Приве́т! 你(你们)好
До́брый ве́чер! 晚上好!

урок 2 (ВТОРОЙ)

ГРАММАТИКА
- I. 主语和谓语
- II. 动词的现在时
- III. 动词第一式变位
- IV. 定语
- V. 副词

ТЕКСТ *Наша семья*

ГРАММАТИКА

听录音请扫二维码

I. 主语和谓语

句子的主要成分是主语和谓语。主语是谓语陈述的对象，通常用名词、代词来表示；谓语是对主语的陈述，在人称或性、数、格形式上与主语一致，通常用动词、形容词、名词、代词等来表示，例如：

（以下例句中，"_____"表示主语，"_____"表示谓语。）

1) Этот го́род большо́й и краси́вый. / 这座城市又大又美丽。
2) Они́ отдыха́ют. / 他们在休息。
3) Я хочу́ ку́шать. / 我想吃东西。
4) Эти ве́щи мои́. / 这些东西是我的。
5) Это музе́й. / 这是博物馆。

 注意：

谓语按其表现形式可分为动词性谓语和静词性谓语。用动词表示的谓语叫做动词性谓语；用名词、形容词、代词、副词等表示的谓语叫做静词性谓语。谓语有简单谓语和合成谓语之分。

II. 动词的现在时

俄语动词的时间,以说话时刻为基准,划分为现在时、过去时和将来时。

现在时表示说话时刻发生的行为。过去时表示说话时刻以前发生的行为。将来时表示说话时刻之后将要发生的行为。

未完成体动词的现在时有固定的人称词尾。按照人称词尾的不同有两种变化体系,即两种变位法:动词第一式变位,动词第二式变位(也称第一变位法,第二变位法)。

III. 动词第一式变位

未经变化的动词形式叫动词不定式,例如:отдыха́ть, разгова́ривать, занима́ться等。

动词在句中作谓语时,应随主语的人称和数变化其词尾,例如:

1) Они́ разгова́ривают. / 他们在聊天。 3) Я иду́ домо́й. / 我回家。
2) Она́ отдыха́ет там. / 她在那儿休息。

属于第一式变位的绝大部分动词以 -ать, -ять 结尾。变位时,去掉 -ть,加上人称词尾 -ю, -ешь, -ет, -ем, -ете, -ют,例如:

例词 人称	де́лать	разгова́ривать	собира́ться	词尾
я	де́ла-ю	разгова́рива-ю	собира́-юсь	-ю
ты	де́ла-ешь	разгова́рива-ешь	собира́-ешься	-ешь
он (она́, оно́)	де́ла-ет	разгова́рива-ет	собира́-ется	-ет
мы	де́ла-ем	разгова́рива-ем	собира́-емся	-ем
вы	де́ла-ете	разгова́рива-ете	собира́-етесь	-ете
они́	де́ла-ют	разгова́рива-ют	собира́-ются	-ют

注意:

① 带-ся动词(-ся为尾后缀)变位时,如果词尾最后一个字母是元音,-ся要变为-сь,其他情况下,-ся不变,例如:собира́юсь。
② 以-овать, -евать 结尾的动词变位时,词尾为-у́ю, -у́ешь, -у́ют。例如:танцева́ть, -цу́ю, -цу́ешь;重音不在-овать, -евать上时,变位时重音不移动。例如:приве́тствовать, -твую, -твуешь;
③ 以-ава́ть 结尾的动词变位时,人称形式为-ю́, -ёшь, -ю́т。例如:встава́ть, -аю́, -аёшь。
④ 有些动词变位时,辅音发生音变,例如:писа́ть, пла́кать; пишу́, пи́шешь; пла́чу, пла́чешь。
⑤ 有些动词变化比较特殊,例如:брать, беру́, берёшь。
⑥ 个别以-ать结尾的动词,在动词变位时,-а-脱落,无语音交替,例如:ждать, жду, ждёшь。

IV. 定语

定语是说明事物的特征、性质、顺序、领属等意义的次要成分,一般回答како́й, чей, кото́рый提

出的问题,例如:

1) —Какóй гóрод Пекúн? / 北京是座什么样的城市?
   —Пекúн большóй и красúвый гóрод. / 北京是座又大又美丽的城市。
2) —Чьи э́то ключú? / 这是谁的钥匙?
   —Э́то мой ключú. / 这是我的钥匙。

此时,一定要注意区分э́то的用法,试比较:

1) Э́тот пáспорт мой. 这本护照是我的。	1) Э́то мой пáспорт. 这是我的护照。
2) Э́та кóмната моя́. 这个房间是我的。	2) Э́то моя́ кóмната. 这是我的房间。
3) Э́то мéсто моё. 这个位置是我的。	3) Э́то моё мéсто. 这是我的位置。
4) Э́ти здáния óчень красúвые. 这些楼房很漂亮。	4) Э́то красúвые здáния. 这是漂亮的楼房。

左边框中的э́тот (э́та, э́то, э́ти)为定语,必须与被说明的名词保持性、数、格上的一致;右边框中的э́то作主语(只用э́то一种形式),不与后面的词保持性、数、格上的一致。

V. 副词

副词通常分为限定副词和疏状副词。限定副词表示动作、状态的特征。疏状副词表示动作的时间、处所、原因或目的。限定副词可分为:性质副词、行为方式副词、程度与度量副词等。疏状副词可分为:时间副词、处所副词等。

性质副词说明动作或状态的性质、特征,例如:бы́стро, грóмко, серьёзно等。行为方式副词指出动作的方式、方法,例如:пешкóм, вслух等。程度与度量副词表示行为、特征的程度,或动作的度量,例如:óчень等。

时间副词表示行为发生、进行或结束的时间,例如:теперь, давнó, у́тром等。处所副词通常表示行为的地点、方向,例如:впередú, напрáво 等。

РЕЧЕВЫЕ ОБРАЗЦЫ

1. —Ни́на сейчáс зáвтракает?
   —Нет, онá ___умывáется___ .
            ___одевáется___
   (бéгать, купáться, читáть, рабóтать)

2. —Максим и Миша гуляют?

—Нет, они обедают / отдыхают .

(петь, разговаривать, играть)

3. —Наташа сейчас гуляет?

—Нет, она не гуляет, а читает / пишет .

(танцевать, загорать, кушать)

4. —Что ты делаешь?

—Я рисую / пишу .

(пить, плавать, думать)

5. — Какой это магазин ?

—Это большой / крупный магазин .

(сад, здание, город; красивый, маленький)

6. — Чей это стакан ?

—Это мой / его стакан .

(шапка, зеркало, сумка, учебник; твой, ваш, её)

7. —Как Саша читает?

—Он хорошо / плохо / громко / тихо читает.

(быстро, медленно, красиво)

ВОПРОСЫ И ОТВЕТЫ

1. —Мы сейчас загораем. А другие ребята? —Они купаются.
2. —Студенты спрашивают. А преподаватель? —Преподаватель отвечает.
3. —Ты часто плаваешь? —Нет, я редко плаваю.
4. —Вы хорошо понимаете по-русски? —Ещё плохо.
5. —Ваша семья большая? —Нет, небольшая.

6. —Вы у́читесь и́ли рабо́таете? —Я учу́сь.
7. —Ваш па́па — инжене́р? —Да, он инжене́р.
8. —Твоя́ сестра́ краси́вая? —Да, она́ краси́вая.
9. —Ва́ша кварти́ра больша́я? —Да, она́ больша́я и ую́тная.
10. —Что вы де́лаете ве́чером? —У́жинаем и отдыха́ем.

ДИАЛОГИ

1. —Вы не зна́ете, что сейча́с де́лает Зи́на?
 —Она́ чита́ет.
 —А что де́лают други́е ребя́та?
 —Они́ отдыха́ют.

2. —А́нечка, здра́вствуй! Как дела́?①
 —Спаси́бо, хорошо́. А как ты?
 —То́же ничего́.
 —Как пожива́ют твои́ роди́тели?② Как их здоро́вье?③
 —Спаси́бо, всё норма́льно.

3. —Вы хорошо́ понима́ете по-кита́йски?
 —Я ещё пло́хо понима́ю.
 —А по-англи́йски?
 —По-англи́йски хорошо́.

4. —Что вы обы́чно де́лаете у́тром?
 —Я немно́го бе́гаю, пото́м за́втракаю.
 —Вы ра́но встаёте?
 —Да, ра́но.

На́ша семья́

На́ша семья́ небольша́я: па́па, ма́ма, моя́ сестра́ и я. Па́па, ма́ма и сестра́ рабо́тают, а я учу́сь в университе́те.

Мой па́па — инжене́р, а ма́ма — учи́тельница. Па́па высо́кий и кре́пкий. Он мно́го зна́ет, хорошо́ пла́вает. Ма́ма краси́вая и до́брая. Моя́ сестра́ — гид. Она́ о́чень стара́тельно рабо́тает и мно́го зараба́тывает.

На́ша кварти́ра больша́я и ую́тная. Ве́чером вся на́ша семья́ собира́ется вме́сте. Мы у́жинаем и разгова́риваем.

На́ша семья́ о́чень дру́жная. Мы живём счастли́во.

КОММЕНТАРИИ

① Как дела? 近况如何?
② Как поживают твои родители? 你父母近来怎么样?
③ Как их здоровье? 他们的身体如何?

НОВЫЕ СЛОВА И СЛОВОСОЧЕТАНИЯ

второй, -ая, -ое, -ые 第二
отдыхать, -аю, -аешь 休息
разговаривать, -аю, -аешь 交谈, 聊天
заниматься, -аюсь, -аешься 学习; 从事
идти, иду, идёшь 走, 去; 下(雨、雪)
делать, -аю, -аешь (及物) 做
собираться, -аюсь, -аешься 打算; 集合, 聚集
танцевать, -цую, -цуешь 跳舞
приветствовать, -твую, -твуешь (及物) 欢迎
вставать, встаю, встаёшь 起立; 起床
плакать, плачу, плачешь 哭泣
писать, пишу, пишешь (及物) 写
брать, беру, берёшь (及物) 拿
который, -ая, -ое, -ые 哪个
быстро 快, 很快地
громко 大声地
пешком [副] 步行
вслух [副] 出声地; 大声地
давно 很久以来, 很长时间; 早就

утром [副] 早晨
завтракать, -аю, -аешь 吃早饭
умываться, -аюсь, -аешься 洗脸
одеваться, -аюсь, -аешься 穿衣服
бегать, -аю, аешь 跑; 跑步
читать, -аю, аешь (及物) 读
работать, -аю, -аешь 工作
гулять, -яю, -яешь 散步
обедать, -аю, -аешь 吃饭; 吃午饭
петь, пою, поёшь (及物) 唱歌
играть, -аю, аешь 玩
кушать, -аю, -аешь (及物) 吃, 吃东西
рисовать, -сую, -суешь (及物) 画
пить, пью, пьёшь (及物) 喝
плавать, -аю, -аешь 游泳
думать, -аю, -аешь 思考, 想
стакан, -ы 杯子
зеркало, -а 镜子
плохо 不好; 坏
медленно [副] 慢, 慢慢地
ребята [复] 孩子们; 伙伴们
спрашивать, -аю, -аешь (及物) 问

по-русски [副] 用俄语
отвечать, -аю, аешь 回答
понимать, -аю, -аешь (及物) 明白, 理解
вечером [副] 晚间, 晚上
поживать, -аю, -аешь 生活; 过得 (如何)
по-английски [副] 用英语
немного [副] 稍微; 有点儿
семья, семьи 家; 家庭
небольшой, -ая, -ое, -ие 不大的
сестра, сёстры 姊妹
крепкий, -ая, -ое, -ие 健壮的
знать, -аю, -аешь (及物) 知道, 了解
старательно 努力地
зарабатывать, -аю, -аешь (及物) 挣钱
уютный, -ая, -ое, -ые 舒适的
вместе [副] 一起
дружный, -ая, -ое, -ые 和睦的
жить, живу, живёшь 生活; 活
счастливо [副] 幸福地

ВНЕАУДИТОРНЫЕ УПРАЖНЕНИЯ И ЗАДАНИЯ
(课外练习与作业)

 1. 在动词前加上人称代词，并将动词变成相应的人称形式。

1）… бе́гать. 2）… ката́ться на ло́дке (划船). 3）… разгова́ривать.
4）… гуля́ть. 5）… интере́сно расска́зывать. 6）… игра́ть в ша́хматы (下象棋).
7）… загора́ть. 8）… купа́ться. 9）… хорошо́ петь.
10）… танцева́ть. 11）… внима́тельно слу́шать. 12）… спра́шивать, а … отвеча́ть.
13）… пла́кать. 14）… писа́ть. 15）… одева́ться.

 2. 把括号中的动词变成相应的形式，并回答这些问题。

1）Вы сейча́с (чита́ть)? 2）Как он (чита́ть) по-ру́сски?
3）Кто (понима́ть) по-англи́йски? 4）Как они́ (понима́ть) по-ру́сски?
5）Что (де́лать) студе́нты? 6）А что (де́лать) гид?
7）Когда́ вы (встава́ть)? 8）Она́ ка́ждый день (бе́гать)?
9）Где они́ (ждать)? 10）Ча́сто ли вы (отдыха́ть) здесь?
11）Кто хорошо́ (петь)?
12）Этот ру́сский студе́нт (понима́ть) по-кита́йски (懂汉语)?
13）Кто ра́но (встава́ть) ка́ждый день? 14）Кто хорошо́ (пла́вать)?
15）До́ма ли вы (за́втракать)?

 3. 对划线词提问，并说明它们的句子成分。

示例：— Он там <u>отдыха́ет</u>. — Что он там де́лает?（谓语）

1）Там <u>де́ти</u> бе́гают и игра́ют. 2）Я сейча́с <u>загора́ю</u>.
3）Ка́ждый день у́тром мы <u>бе́гаем</u>.
4）Сейча́с преподава́тель <u>интере́сно</u> расска́зывает, а студе́нты <u>внима́тельно</u> слу́шают.
5）Они́ сейча́с <u>ката́ются на ло́дке</u>.
6）Ни́на и Оля разгова́ривают, <u>Макси́м и Серге́й</u> игра́ют в ша́хматы.
7）Этот заво́д о́чень <u>большо́й</u>. 8）Здесь <u>мой</u> биле́т, а там <u>твой</u> биле́т.
9）Этот па́спорт <u>мой</u>, а тот па́спорт <u>твой</u>. 10）Все мои́ <u>друзья́</u> — студе́нты.

 4. 找出下列句中的主语、谓语和定语，并将句子译成汉语。

1）Это совреме́нный го́род. 2）Это мой друг.
3）Мои́ друзья́ — инжене́ры. 4）Эта ко́мната моя́, а та ко́мната твоя́.
5）Харби́н — краси́вый го́род. 6）Здесь во́здух све́жий.

7）Та де́вушка понима́ет по-ру́сски.　　8）Ка́ждый день я мно́го чита́ю по-ру́сски.
9）Сейча́с мы гуля́ем и разгова́риваем.　　10）Сего́дня я не рабо́таю, а отдыха́ю.

5. 回答问题，注意做主语用的指示词 э́то 和作定语用的指示代词 э́тот, э́та, э́то, э́ти 的用法。

1）Чей э́то уче́бник?　　2）Чей э́тот па́спорт?
3）Чья э́то кни́га?　　4）Чья э́та ко́мната?
5）Чьё э́то пла́тье?　　6）Чьё э́то пальто́?
7）Чьи э́то ве́щи?　　8）Чьи э́ти де́ньги?

6. 用右面的词替换划线词，并回答问题。

1）<u>Кто</u> хорошо́ танцу́ет?　　твои́ друзья́, он, она́
2）<u>Кто</u> здесь рабо́тает?　　они́, Ивано́ва, Ве́ра
3）<u>Вы</u> понима́ете по-ру́сски?　　тот молодо́й челове́к
4）<u>Этот арти́ст</u> хорошо́ поёт?　　э́ти молоды́е лю́ди
5）<u>Кто</u> бы́стро бе́гает?　　та де́вушка, Макси́м

7. 读下列句子，找出副词，并译成汉语。

1）— Кака́я пого́да зимо́й?　　2）— Кака́я пого́да весно́й?
　— Зимо́й хо́лодно.　　　— Весно́й тепло́.
　— Зимо́й идёт снег(下雪).　　　— Весно́й та́ет(融化) снег.
3）— Кака́я пого́да ле́том?　　4）— Кака́я пого́да о́сенью?
　— Ле́том жа́рко.　　　— О́сенью прохла́дно.
　— Ле́том идёт дождь(下雨).　　　— О́сенью ду́ет ве́тер(刮风).

8. 读下列句子，分析句子成分，并译成汉语。

1）Чайко́вский — вели́кий ру́сский компози́тор(作曲家).
2）Пу́шкин — вели́кий ру́сский писа́тель(作家).
3）Ре́пин — вели́кий ру́сский худо́жник(画家，艺术家).
4）Алла Пугачёва — изве́стная ру́сская певи́ца.
5）Эльда́р Ряза́нов — изве́стный кинорежиссёр(电影导演).

9. 翻译下列词组。

向前走　　知名教授　　高大健壮的男人　　听懂俄语　　每个家庭
饭做得好　　赚很多的钱　　1路汽车　　懂英语　　学习好

10. 翻译下列句子。

1）您能听(得)懂汉语吗?　　2）我们(的)导游讲得很有趣。
3）我们家夏天常在这里休息。　　4）每年都有俄罗斯游客到这里来。
5）孩子们在游泳，父母在晒太阳。　　6）我们白天学习，晚间休息。你们呢?
7）这位老人每天早晨都跑步。　　8）晚上，年轻人在这里唱歌、跳舞。

9) 哈尔滨是一座美丽的城市,特别是在冬天。 10) 这些女孩舞跳得好,那些女孩歌唱得好。

 11. 用右边的单词续句。

示例：① — Как дела? — Спаси́бо, хорошо́.
② — Кто вы (по профе́ссии)? (您的职业？) — Я врач.

—Как ...?
—Спаси́бо, хорошо́.

—Кто вы по профе́ссии?
—Я ....

жизнь, де́ти
настрое́ние, ма́ма
ба́бушка, рабо́та
здоро́вье
журнали́ст 记者
бизнесме́н 商人
продаве́ц 售货员
моря́к 海员
по́вар 厨师
преподава́тель

 12. 背诵课文。

 13. 如果不困难,就请记住下列国家、首都的名称。

Аме́рика (美国) — **Вашингто́н** (华盛顿)   **А́нглия** (英国) — **Ло́ндон** (伦敦)
Фра́нция (法国) — **Пари́ж** (巴黎)   **Япо́ния** (日本) — **То́кио** (东京)
Ю́жная Коре́я (韩国) — **Сеу́л** (首尔)   **Ита́лия** (意大利) — **Рим** (罗马)
Герма́ния (德国) — **Берли́н** (柏林)

交际用语

До но́вой встре́чи! 下次见!
До за́втра! 明天见!

УРОК 3 (ТРЕТИЙ)

ГРАММАТИКА
- I. 动词第二式变位
- II. 不规则变化动词
- III. 名词单数第六格
- IV. 前置词 о 及 в, на(1)

ТЕКСТ *На занятиях*

ГРАММАТИКА

听录音请扫二维码

I. 动词第二式变位

属于第二式变位的绝大多数动词以-ить结尾。变位时,把-ть和前面的元音去掉后,加上第二式变位人称词尾-ю, -ишь, -ит, -им, -ите, -ят,例如:спо́рить, спо́рю, спо́ришь。如果不定式重音在-и́ть上,并在变位时又发生语音交替,单数第一人称重音在词尾,其他人称前移一个音节,例如:учи́ться, учу́сь, у́чишься;而不定式重音虽在-и́ть上,但变位时无语音交替,重音则全在词尾上,例如:говори́ть, -рю́, -ри́шь。

例词 人称	говори́ть	учи́ться	находи́ться	词尾
я	говор-ю́	уч-у́сь	нахож-у́сь	-ю/-у
ты	говор-и́шь	у́ч-ишься	нахо́д-ишься	-ишь
он (она́, оно́)	говор-и́т	у́ч-ится	нахо́д-ится	-ит
мы	говор-и́м	у́ч-имся	нахо́д-имся	-им
вы	говор-и́те	у́ч-итесь	нахо́д-итесь	-ите
они́	говор-я́т	у́ч-атся	нахо́д-ятся	-ят/-ат

注意：

① 在ж, ч, ш, щ之后不用词尾-ю，而用词尾-у；不用词尾-ят，而用词尾-ат，例如：учи́ться(见上表)。
② 有些动词变位时，重音移动；如果单数第二人称重音移动，则其他各人称重音也随之移动，例如：находи́ться(见表)。
③ 有些动词变位时，第一人称词尾前的辅音发生音变，例如：

т — ч (шути́ть — шучу́)   д — ж (ходи́ть — хожу́)
с — ш (проси́ть — прошу́)   з — ж (вози́ть — вожу́)
ст — щ (пусти́ть — пущу́) (放，放开)   б — бл (люби́ть — люблю́)
п — пл (купи́ть — куплю́) (买)   в — вл (гото́вить — гото́влю)
м — мл (корми́ть — кормлю́) (喂；供养) 等。

④ 有些以-ать结尾的动词也属于第二式变位。以-ать结尾的动词，变位时，-а脱落，无语音交替，例如：лежа́ть, слы́шать。不定式重音在-á-上时，重音通常在人称词尾上，держа́ть, дыша́ть除外，例如：держу́, де́ржишь; дышу́, ды́шишь。不定式重音不在-а-上时，重音不动，例如：слы́шать, слы́шу, слы́шишь。
⑤ 以-еть结尾的动词，变位时，-е脱落，例如：лете́ть, лечу́, лети́шь; оби́деть(欺负), оби́жу, оби́дишь。不定式重音在-é-上时，人称形式重音通常在词尾上。但：смотре́ть, терпе́ть(忍受；忍耐)例外，例如：смотре́ть, смотрю́, смо́тришь; терпе́ть, терплю́, те́рпишь。

II. 不规则变化动词

某些不规则变化的动词：

бежа́ть	бегу́	бежи́шь	бежи́т	бежи́м	бежи́те	бегу́т
бри́ть(ся)	бре́ю(сь)	бре́ешь(ся)	бре́ет(ся)	бре́ем(ся)	бре́ете(сь)	бре́ют(ся)
хоте́ть	хочу́	хо́чешь	хо́чет	хоти́м	хоти́те	хотя́т
идти́	иду́	идёшь	идёт	идём	идёте	иду́т

(由идти́加前缀构成的动词，例如：уйти́, прийти́, зайти́等也照此变化。)

| е́хать(乘〈车〉去) | е́ду | е́дешь | е́дет | е́дем | е́дете | е́дут |

(由е́хать加前缀构成的动词，例如：уе́хать, прие́хать, вы́ехать等也照此变化。)

| быть | бу́ду | бу́дешь | бу́дет | бу́дем | бу́дете | бу́дут |

(由быть加前缀构成的动词，例如：прибы́ть等也照此变化。)

| есть | ем | ешь | ест | еди́м | еди́те | едя́т |

(由есть加前缀构成的动词，例如：пое́сть等也照此变化。)

III. 名词单数第六格

俄语名词根据其在句中不同的作用，有格的变化。名词有六个格。单数第一格为词的原形，其他五个格通过词尾的变化表现出来。

名词单数第六格只和要求第六格的前置词连用，例如：前置词о (об) (关于……), в (在……里面，在……之中), на (在……上；在……时候), при (在……跟前；附属于；在……时，在……情况下；当着……面)等。

第六格主要与动词和名词连用。第六格的基本意义：

1) 表示言语、思维的内容(带前置词о)，例如：ду́мать о рабо́те, ду́мать об учёбе。回答о ком-чём的问题。

2) 表示动作发生、状态存在的地点，例如：

   работать на заводе, учиться в университете。回答где的问题。

3) 表示行为发生、进行、终结的时间，例如：в ноябре, в детстве等。回答когда的问题。

名词单数第六格的词尾大多数是-е，以-ь结尾的阴性名词是-и，以-ия结尾的阴性名词及以-ие结尾的中性名词的词尾是-ии。

第一格	第六格	词尾	说明
банк	(о) банке		
Китай	(о) Китае		
поле	(о) поле		
улица	(об) улице	-е	以硬辅音、-й、软辅音-ь结尾的阳性名词，以-о、-е结尾的中性名词，以-а、-я结尾的名词，第六格时，词尾为-е。
девушка	(о) девушке		
деревня	(о) деревне		
словарь	(о) словаре		
село	(о) селе		
площадь	(о) площади	-и	以-ь结尾的阴性名词，第六格时，词尾为и；-ия结尾的阴性名词、-ие结尾的中性名词变第六格时，词尾为-ии。
кровать	(о) кровати		
Япония	(о) Японии	-ии	
здание	(о) здании		

注意：

① 许多非动物阳性名词（多半是单音节词），与前置词в, на连用表示处所、时间、行为方式时，第六格词尾不是-е，而是带重音的-у́(-ю́)，例如：в лесу́(在树林里)，в саду́(在花园里)，в бою́(在战斗中)，на полу́(在地板上)。

② 某些名词与前置词в, на连用时，单数第六格重音移至词尾，例如：о степи(关于草原) — в степи(在草原上)。

③ 某些名词第六格的变化形式比较特殊，例如：
любо́вь — (о) любви́(关于爱情)，此时，词干中的元音-о-脱落；
мать — (о) ма́тери, дочь — (о) до́чери, 添加后缀-ер-。

④ 以-мя结尾的中性名词变化特殊，变第六格时，加后缀-ен-，例如：
и́мя — (об) и́мени, зна́мя(旗帜) — (о) зна́мени, вре́мя — о вре́мени。

⑤ 以-ий结尾的名词，第六格的词尾是-ии，例如：(о) ге́нии(关于天才)。

кто, что 的第六格

第一格	第六格
кто	(о) ком
что	(о) чём

IV. 前置词 о 及 в, на (1)

前置词 о

前置词 о 与名词第六格连用，表示"关于……"，回答 о ком-чём 提出的问题。如果与 о 连用的名

词是以元音开头的,在о后面要加字母б,例如:об учёбе。与人称代词я连用时:обо мне。再如:

① Друзья́ разгова́ривают о конце́рте. / 朋友们在谈论音乐会（的事）。
② Гид расска́зывает об о́строве Хайна́нь. / 导游在介绍海南岛。

前置词 в (1)

1) 前置词в与名词第六格连用时,表示处所。释义为:在……里;在……中;在……(机构)内,回答где的问题。例如:

① —Где вы рабо́таете? / 您在哪里工作？
—Я рабо́таю в больни́це. / 我在医院工作。
② —Где ты сейча́с? / 你现在在哪儿？
—Я в но́мере. / 我在房间里。

2) 表示时间,常与ме́сяц, год等名词连用。释义为:在……时;在……期间,回答когда́的问题,例如:в э́том ме́сяце等。

3) 表示状态。释义为:处于……状态;以……形式;在……中,例如:
Маши́на в ремо́нте. / 汽车正在修理（中）。

4) 表示行为或事物所及的范围。释义为:在……上;在……方面;在……中,例如:
знато́к в те́хнике（技术能手）, о́пыт в рабо́те（工作经验）,
ло́вкий в движе́нии（行动敏捷）等。

前置词 на (1)

1) 前置词на通常表示处所。释义为:在……上;在……处,例如:на у́лице（在街上）, на стене́（在墙上）。

① Пе́тя сиди́т на дива́не. / 别佳坐在沙发上。
② Лю́ба лежи́т на крова́ти. / 柳芭躺在床上。
③ —Где мы нахо́димся? / 我们（现在）在哪儿？
—Мы нахо́димся на пло́щади Тяньаньмэ́нь. / 我们（现在）在天安门广场。

有些名词习惯上与на连用,而不与в连用,例如:на заво́де и фа́брике（在工厂里）, на аэродро́ме（在停机坪上）, на по́чте（在邮局）, на вокза́ле（在火车站）, на ро́дине（在故乡）, на о́строве（在岛上）, на се́вере（在北方）, на конце́рте（在音乐会上）, на факульте́те（在系里）, на ка́федре（在教研室）等。

2) 表示时间。释义为:在……时候。例如:

на зака́те（日落时分）   на рассве́те（破晓时）   на восхо́де（日出时）
на заре́（黎明时）   на досу́ге（空闲时）   на э́той неде́ле（在这个星期）

3) на与一些名词连用,表示所使用的交通工具,例如:

на авто́бусе（乘公共汽车）   на самолёте（乘飞机）   на маши́не（乘汽车）
на теплохо́де（乘船）   на метро́（坐地铁）   на тролле́йбусе（坐无轨电车）
на трамва́е（坐有轨电车）   на по́езде（乘火车）   на электри́чке（乘电气火车）
на такси́（坐出租）   на ло́дке（乘小船）   на велосипе́де（骑自行车）

РЕЧЕВЫЕ ОБРАЗЦЫ

1. —Где наш гид ?
   —Наш гид сидит в машине / в холле .
   (Саша, ребята, переводчик; номер, комната)

2. —Что (Кто) стоит на площади ?
   —На площади стоит памятник / стоят студенты .
   (берег, улица; киоски, люди, дети)

3. —О чём дети спорят ?
   —Они спорят о маршруте / об экскурсии .
   (беспокоиться, говорить; учёба, жизнь, детство, работа, история, музыка)

4. —О ком вы заботитесь ?
   —Я забочусь о матери / об отце .
   (разговаривать, рассказывать; дочь, сын, дедушка, бабушка)

5. —Где ваш сын учится ?
   —Он учится в университете / школе .
   (работать; Пекин, Москва, магазин, ресторан)

6. —Где живёт ваша семья?
   —Наша семья живёт в городе / деревне .
   (Пекин, Харбин[①], Шанхай)

7. —Где работает ваш друг?
   —Он работает в компании / на почте / на заводе .
   (посольство, фирма, банк, фабрика)

8. —Где находится ваш университет?
   —Он находится в Шанхае / в Новосибирске[②] .
   (Пекин, Санкт-Петербург, Владивосток[③])

9. —Кто говорит по-китайски? —Я говорю по-китайски .
   (по-немецки, по-японски, по-русски, по-французски)

10. —Кто там кричит / шумит ?

—На́ши сосе́ди там крича́т / шумя́т.

(студе́нты, аспира́нты; отдыха́ть, кури́ть)

ВОПРО́СЫ И ОТВЕ́ТЫ

1. —Кто говори́т по-англи́йски? —Я немно́го говорю́.
2. —Вы говори́те по-кита́йски? —Нет, я говорю́ то́лько по-ру́сски.
3. —О чём вы разгова́риваете? —Мы говори́м о пого́де.
4. —Зна́ете ли вы, когда́ идёт снег в Харби́не? —Обы́чно в декабре́ и январе́.
5. —Когда́ быва́ет жа́рко в Пеки́не? —В ию́не, ию́ле и а́вгусте.
6. —Когда́ быва́ет прохла́дно на ю́ге? —В феврале́ и ма́рте.
7. —Где нахо́дится ва́ша гости́ница? —Она́ нахо́дится в це́нтре го́рода[④].
8. —Когда́ начина́ются заня́тия сего́дня? —Как всегда́, у́тром.
9. —Что де́лают преподава́тель и студе́нты на заня́тиях[⑤]?
   —Преподава́тель объясня́ет и спра́шивает, а студе́нты отвеча́ют.
10. —Почему́ А́лла не пи́шет? —Я не зна́ю.
11. —Что де́лает Па́ша? —Он ду́мает и пи́шет.
12. —Что де́лает Са́ша в коридо́ре? —Он звони́т.
13. —Кто сиди́т и разгова́ривает в аудито́рии? —На́ши ребя́та и преподава́тель.

ДИАЛО́ГИ

1. —Прости́те, кто там сиди́т?
   —Там сиди́т Макси́м.
   —А ря́дом?
   —Ря́дом сидя́т его́ друзья́.
2. —Са́ша хорошо́ говори́т по-кита́йски?
   —Да, хорошо́.
   —А вы как говори́те?
   —Я не говорю́.
3. —Ва́ша семья́ живёт в Москве́?
   —Да, в Москве́.
   —Семья́ больша́я?
   —Не о́чень: оте́ц, мать, мла́дший брат и я.
   —Вы не ска́жете, где рабо́тают ва́ши роди́тели?
   —Оте́ц рабо́тает на заво́де, а мать — в больни́це.
4. —Скажи́те, пожа́луйста, како́й го́род Пеки́н?

—Пекин — древний и современный город. Это столица КНР.
—Какие достопримечательности есть в Пекине?
—Там есть площадь Тяньаньмэнь, музей Гугун, парк Бэйхай, парк Ихэюань⑥ и другие.
—А какие знаменитые вузы находятся там?
—Пекинский университет⑦, Пекинский педагогический университет⑧ и другие.

На занятиях

Мы сидим в аудитории. Это наш преподаватель. Он говорит: «Здравствуйте, ребята!»
Мы отвечаем: «Здравствуйте!»
Начинаются занятия. Преподаватель объясняет и спрашивает, а мы слушаем и отвечаем. Потом пишем.
— Почему вы не пишете, Алла? — спрашивает преподаватель.
— Ручка не пишет, — отвечает Алла.
— Это моя ручка, пожалуйста.
— А что вы делаете, Паша? — спрашивает преподаватель.
— Пишу и думаю, — говорит Паша.
Паша и Алла сегодня не очень активно работают.
Звонит звонок...
Перемена. Одни студенты гуляют в коридоре, другие сидят и разговаривают в аудитории.

КОММЕНТАРИИ

① Харбин 哈尔滨 ② Новосибирск 新西伯利亚
③ Владивосток 符拉迪沃斯托克(海参崴) ④ в центре города 市中心
⑤ на занятиях 在课(堂)上
⑥ музей Гугун 故宫博物院 парк Бэйхай 北海公园 парк Ихэюань 颐和园
⑦ Пекинский университет 北京大学
⑧ Пекинский педагогический университет 北京师范大学

НОВЫЕ СЛОВА И СЛОВОСОЧЕТАНИЯ

третий, -тья, -тье, тьи 第三(个)   спорить, -рю, -ришь 争论   учиться, учусь, учишься 学习

говори́ть, -рю́, -ри́шь（及物）说
шути́ть, шучу́, шу́тишь 开玩笑
ходи́ть, хожу́, хо́дишь 走,去一趟
проси́ть, прошу́, про́сишь（及物）请求
вози́ть, вожу́, во́зишь（及物）运送
люби́ть, люблю́, лю́бишь（及物）爱,喜欢
гото́вить, гото́влю, гото́вишь（及物）做(菜、作业等)
лежа́ть, -жу́, -жи́шь 躺
слы́шать, слы́шу, слы́шишь（及物）听见
дыша́ть, дышу́, ды́шишь 呼吸
лете́ть, лечу́, лети́шь 飞
смотре́ть, -отрю́, -о́тришь（及物）看
бежа́ть, бегу́, бежи́шь 跑
хоте́ть, хочу́, хо́чешь, хо́чет, хоти́м, хоти́те, хотя́т（及物）有意愿;想
быть, бу́ду, бу́дешь, бу́дут 在;是;有
есть, ем, ешь, еди́м, еди́те, едя́т（及物）吃
о [前] 关于
в [前] 在……里
на [前] 在……上
при [前] 在……面前;在……时;附属

рабо́та, -ы 工作
учёба 学习
де́тство 童年
банк, -и 银行
пло́щадь, -и [阴] 广场
　~ Тяньаньмэ́нь 天安门广场
крова́ть, -и [阴] 床
пол, -ы́ 地板
дочь, до́чери 女儿
расска́зывать, -аю, -аешь（及物）讲述
ме́сяц, -ы 月(份)
стена́, сте́ны 墙
фа́брика, -и 工厂
по́чта, -ы 邮局
ро́дина, -ы 故乡;祖国
конце́рт, -ы 音乐会
самолёт, -ы 飞机
па́мятник, -и 纪念碑
бе́рег, -а́ 岸
кио́ск, -и 售货亭
маршру́т, -ы 线路
беспоко́иться, -о́юсь, -о́ишься 担心;不放心
жизнь [阴] 生命;生活
исто́рия, -и 历史
му́зыка 音乐

забо́титься, -о́чусь, -о́тишься 关心
рестора́н, -ы 饭店
компа́ния, -и 公司
посо́льство, -а 大使馆
фи́рма, -ы 商行,公司
по-неме́цки 用德语
по-япо́нски 用日语
по-францу́зски 用法语
крича́ть, -чу́, -чи́шь 叫喊
шуме́ть, -млю́, -ми́шь 喧嚣
кури́ть курю́, ку́ришь（及物）抽烟
центр, -ы 中心
объясня́ть, -я́ю, -я́ешь（及物）讲解,解释
коридо́р, -ы 走廊
звони́ть, -ню́, -ни́шь 打(电话、铃等)
сиде́ть, сижу́, сиди́шь 坐
столи́ца, -ы 首都
достопримеча́тельность, -и [阴] 名胜,名胜古迹
есть 有
акти́вно 积极地
звоно́к, -нки́ 铃声
переме́на, -ы 课间休息;变化
одни́... други́е 一些……另一些

87

ВНЕАУДИТОРНЫЕ УПРАЖНЕНИЯ И ЗАДАНИЯ
(课外练习与作业)

 1. 用下列动词的相应形式填空。

| говори́ть | сиде́ть | лежа́ть | находи́ться | стоя́ть |
| жить | гото́вить | учи́ться | слы́шать | спать |

1) Я ... здесь. Ря́дом ... Макси́м.
2) Вы ... по-ру́сски?
3) — Где Ма́ша? — Она́ ... в гости́нице.
4) Вы сейча́с рабо́таете и́ли ... ?
5) Мои́ роди́тели ... в дере́вне, а я ... в го́роде.
6) Вы ... на ку́хне?

基础课 УРОК 3

7) Это кинотеа́тр, ря́дом ... музе́й.

8) Вы не зна́ете, где ... «Мир поля́рных живо́тных»?

9) Кто... в но́мере? 10) Вы хорошо́ ...?

2. 用名词一格或六格形式填空。

1) Наш ... большо́й и совреме́нный.	В ... везде́ дере́вья и цветы́.	го́род
2) Здесь нахо́дится большо́й	Ма́ша рабо́тает в	магази́н
3) Эта ... о́чень краси́вая.	На́ша семья́ живёт в	дере́вня
4) Это са́мая больша́я	На ... стоя́т маши́ны.	пло́щадь
5) Этот ... о́чень большо́й.	Мой друг рабо́тает на	заво́д
6) Что э́то за ...?	Это ... —Музе́й кита́йской револю́ции.	зда́ние
7) ... — столи́ца РФ.	Моя́ подру́га у́чится в	Москва́
8) Вот городско́е	Мой оте́ц рабо́тает в	прави́тельство
9) Это о́чень чи́стый	На́ша гости́ница нахо́дится на ... Мир.	проспе́кт
10) Это мой друг	О ... я мно́го зна́ю.	Са́ша
11) Это знамени́тая... .	Мой брат рабо́тает в э́той... .	фи́рма

3. 记住下列第六格词尾为-у, -ю的名词，查词典译成汉语。

на берегу́	на боку́	в году́	в краю́	на краю́	в кругу́	на лбу́
в лесу́	на лугу́	на льду́	на мосту́	на носу́	во рту́	в ряду́
на снегу́	на ходу́	в углу́	в шкафу́			

4. 回答问题。

1) Скажи́те, пожа́луйста,	что	стои́т на пло́щади?
		есть в музе́е?
	кто	ва́ши роди́тели?
		хорошо́ говори́т по-ру́сски?
	где	нахо́дится гости́ница?
		вы у́читесь?
2) Ты не зна́ешь,	где	наш гид и авто́бус?
		рабо́тает э́та де́вушка?
	кто	там сиди́т?
		там разгова́ривает по-англи́йски?

5. 将括号里的词变成适当的形式。

1) Что вы зна́ете о _____ ? (Москва́)   2) Де́ти спо́рят о _____. (му́зыка)

3) О _____ Аня мно́го зна́ет. (Япо́ния)   4) Гид расска́зывает о _____. (Харби́н)

5) Я пишу́ об _____. (экску́рсия)

6. 用前置词 в, на 填空。

1) —Мама, на чём мы завтра едем в парк? —Мы завтра едем в парк ... автобусе.
2) —Сегодня мы едем ... такси, а не ... автобусе.
   —Хорошая идея. В это время ... автобусе много народу.
3) —Машина в ремонте, сегодня мы едем ... такси. —Хорошо. Или ... троллейбусе.
4) —Я хочу жить ... деревне. Там тихо и спокойно. А ты?
   —Я люблю жить ... городе. Здесь интересно и удобно.
5) —... каком заводе работает ваш отец?
   —Он не ... заводе работает. Он работает ... университете.

7. 续句子,并回答。

1) Скажите, пожалуйста, что ...
2) Скажите, пожалуйста, кто ...
3) Скажите, пожалуйста, где ...
4) Вы не знаете, где ...
5) Вы не знаете, кто ...
6) Вы не знаете, что ...

8. 回答问题。

1) Где вы отдыхаете летом?
2) Где ваш сосед работает?
3) Где ваш друг учится?
4) Где ваша семья живёт?
5) Как вы учитесь?
6) Что вы хотите, чай или кофе?
7) Где находится площадь Тяньаньмэнь?
8) Какая картина висит на стене?
9) Когда вы обычно встаёте?
10) Почему все студенты собираются на площади?

9. 记住下列词和词组。单词顺序是:阳性,阴性,复数。

китаец, китаянка, китайцы 中国人
американец, американка, американцы 美国人
кореец, кореянка, корейцы 韩国人,朝鲜人
немец, немка, немцы 德国人
француз, француженка, французы 法国人

русский, русская, русские 俄罗斯人
японец, японка, японцы 日本人
итальянец, итальянка, итальянцы 意大利人
англичанин, англичанка, англичане 英国人
иностранец, иностранка, иностранцы 外国人

10. 将下列句子译成汉语。

1) Я плохо говорю по-русски, но я красиво пишу по-русски.
2) Я не шучу, я серьёзно говорю.
3) Утром я встаю, умываюсь, бреюсь, потом завтракаю.
4) На берегу стоит высокий памятник.
5) Днём мы обедаем в столовой, а вечером ужинаем в ресторане.
6) Мой муж работает в посольстве. Он советник (参赞).

11. 翻译下列句子。

1) 现在玛莎在房间里躺着。
2) 谢尔盖在打电话。

3) 晚上我经常在花园里散步。
4) 我在大学读书，我的朋友鲍里斯在工厂工作。
5) 你喜欢在哪儿休息，海边还是农村？
6) 北京是我们伟大的首都。
7) 北京大学是著名的大学。
8) 农村的空气新鲜。
9) 您为什么不在房间里休息？
10) 我通常在家吃早饭，有时也在小吃店(吃早饭)。

12. 背诵课文。

13. 如果不困难，就请记住下列水果、浆果的名称。

виногра́д	葡萄	бана́н	香蕉
мандари́н	桔子	лимо́н	柠檬
ды́ня	香瓜	гру́ша	梨
сли́ва	李子	арбу́з	西瓜
апельси́н	橙子	ви́шня	樱桃
я́блоко	苹果	клубни́ка	草莓
мали́на	马林果		

交际用语

Познако́мьтесь, э́то Лари́са.
认识一下，这是拉丽萨。
Как вас (тебя́) зову́т?
您(你)叫什么名字？
О́чень прия́тно. 很高兴。

УРОК 4
(ЧЕТВЁРТЫЙ)

ГРАММАТИКА
- I. 名词复数第六格
- II. 疑问代词какой和形容词的单数、复数第六格
- III. 疑问代词чей和物主代词的单数、复数第六格
- IV. 限定代词和指示代词的单数、复数第六格
- V. 人称代词第六格
- VI. 动词的过去时

ТЕКСТ В гостинице

ГРАММАТИКА

I. 名词复数第六格

听录音请扫二维码

名词复数第六格词尾为-ах和-ях。

第一格	第六格	词尾	说明
кто что	о ком о чём		
магази́н по́лка окно́ врач това́рищ	(о) магази́нах (о) по́лках (об) о́кнах (о) врача́х (о) това́рищах	-ах	单数第一格时，最后一个辅音是硬辅音和以-ч, -щ结尾的名词。
санато́рий преподава́тель дере́вня по́ле па́ртия зда́ние	о санато́риях о преподава́телях (о) дере́внях (о) поля́х (о) па́ртиях (о) зда́ниях	-ях	单数第一格时，最后一个辅音是软辅音，-ия, -ие结尾的名词。

下列名词的复数第六格形式为：

люди — о лю́дях   де́ти — о де́тях   роди́тели — о роди́телях
бра́тья — о бра́тьях   друзья́ — о друзья́х   хозя́ева — о хозя́евах

II. 疑问代词какóй和形容词的单数、复数第六格

数	性	格	第一格		第六格		词尾
单数	阳性		какóй	но́вый большо́й хоро́ший си́ний	(о) како́м	(о) но́вом (о) большо́м (о) хоро́шем (о) си́нем	-ом -ем
	中性		какóе	но́вое большо́е хоро́шее си́нее			
	阴性		кака́я	но́вая больша́я хоро́шая си́няя	(о) како́й	(о) но́вой (о) большо́й (о) хоро́шей (о) си́ней	-ой -ей
复数			каки́е	но́вые больши́е хоро́шие си́ние	(о) каки́х	(о) но́вых (о) больши́х (о) хоро́ших (о) си́них	-ых -их

III. 疑问代词чей和物主代词的单数、复数第六格

数	性		第一格	第六格	词尾
单数	阳性 中性	疑问代词	чей чьё	(о) чьём	-ём -ем
		物主代词	мой моё твой твоё свой своё наш на́ше ваш ва́ше	(о) моём (о) твоём (о) своём (о) на́шем (о) ва́шем	
	阴性	疑问代词	чья	(о) чьей	-ей
		物主代词	моя́ твоя́ своя́ на́ша ва́ша	(о) мое́й (о) твое́й (о) свое́й (о) на́шей (о) ва́шей	
复数		疑问代词	чьи	(о) чьих	-их
		物主代词	мои́ твои́ свои́ на́ши ва́ши	(о) мои́х (о) твои́х (о) свои́х (о) на́ших (о) ва́ших	

IV. 限定代词和指示代词的单数、复数第六格

数 \ 性		第一格	第六格	词尾
单数	阳性 中性	свой своё весь всё	о своём обо всём	-ём
	阳性 中性	э́тот э́то тот то	об э́том о том	-ом
	阴性	своя́ вся	о свое́й обо все́й	-ей
	阴性	э́та та	об э́той о той	-ой
复数		свои́ э́ти	о свои́х об э́тих	-их
		те все	о тех обо всех	-ех

V. 人称代词第六格

第一格	я	ты	он оно́	она́	мы	вы	они́
第六格	обо мне́	о тебе́	о нём	о ней	о нас	о вас	о них

注意：

前置词 в 与 весь 的第六格连用时应为 во，例如：
во всём Кита́е, во всех города́х。

VI. 动词的过去时

动词的过去时没有人称的变化，但有性、数的变化。

1. 动词过去时的构成：
大多数动词过去时应去掉动词不定式形式的后缀 -ть，加下列结尾构成：
例如：

数 \ 性	单数	复数
阳性	-л	
阴性	-ла	-ли
中性	-ло	

不定式	рабо́тать	жить
阳性	рабо́тал	жил
阴性	рабо́тала	жила́
中性	рабо́тало	жи́ло
复数	рабо́тали	жи́ли

注意：

① 带-ся动词的过去时形式与不带-ся动词的过去时形式相同，但在辅音后为-ся，在元音后则为-сь。例如：

不定式	заниматься
阳性	занимался
阴性	занималась
中性	занималось
复数	занимались

② 有些动词构成过去时形式时重音移动，例如：
   жить — жил   жила   жило   жили
   ждать — ждал ждала   ждало   ждали

③ 动词идти的过去时形式为：
   шёл, шла, шло, шли

④ 有些动词的过去时变化比较特殊，例如：
   есть — ел, ела, ело, ели
   мочь — мог, могла, могло, могли

2. 动词过去时的用法

1) 动词过去时的性、数要和主语一致。主语是кто时，动词用单数阳性形式；主语是что时，动词用单数中性形式，例如：

—Что лежало на столе? / 桌子上放过什么东西？
—На столе лежал паспорт. / 桌子上放过护照。
—На столе лежала виза. / 桌子上放过签证。
—На столе лежало письмо. / 桌子上放过信。
—На столе лежали деньги. / 桌子上放过钱。

2) я, ты 的性别根据人的自然性别而定，例如：
   ① Раньше я работала в компании. / 从前我在公司上班。
   ② Юра, где ты занимался вчера? / 尤拉，你昨天在哪儿学习了？

РЕЧЕВЫЕ ОБРАЗЦЫ

1. —В каком магазине продаёт (-ют)ся хлеб / овощи ?

   —В продуктовом / овощном магазине.

   (фрукты, молоко, торт; кондитерская)

2. —На чём е́дут на рабо́ту ва́ши преподава́тели?

—Они́ е́дут на рабо́ту на [автобусе / троллейбусе].

(метро́, маши́на, такси́)

3. —Где вы обы́чно остана́вливаетесь?

—Мы остана́вливаемся в [той гости́нице / том зда́нии].

(э́тот краси́вый дом, э́ти больши́е номера́)

4. —О чём расска́зывает э́тот фильм?

—О [любви́ / судьбе́ челове́ка]①.

(счастли́вая жизнь, до́брая душа́)

5. —На како́м факульте́те вы у́читесь?

—Я учу́сь на [истори́ческом / математи́ческом / филологи́ческом] факульте́те.

(филосо́фский, физи́ческий, экономи́ческий, юриди́ческий)

6. —На како́м ку́рсе у́чится ваш брат?

—Он у́чится на [тре́тьем / четвёртом] ку́рсе.

(пе́рвый, второ́й)

7. —Где но́вые кни́ги и журна́лы?

—На [моём / на́шем] столе́.

(ваш, твой, его́, её, их)

8. —На како́м этаже́ нахо́дится ваш факульте́т?

—Он нахо́дится на [пя́том / седьмо́м] этаже́.

(четвёртый, шесто́й, восьмо́й, девя́тый)

9. —О ком [говори́ли] э́ти аспира́нты?

—Они́ [говори́ли] о [тебе́ / вас].

(писа́ть в газе́те (-ах), вспомина́ть; я, он, она́, наро́дный геро́й)

10. —В каки́х города́х вы [побыва́ли]?

—Я побыва́ла в Москве́, и Санкт-Петербу́рге②.

(учи́ться; Пеки́н, Хаба́ровск③, Харби́н)

11. — Что на второ́м этаже́ в э́той гости́нице?

—На второ́м этаже́ нахо́дится [буфе́т / кафе́].

(бар, удо́бные номера́)

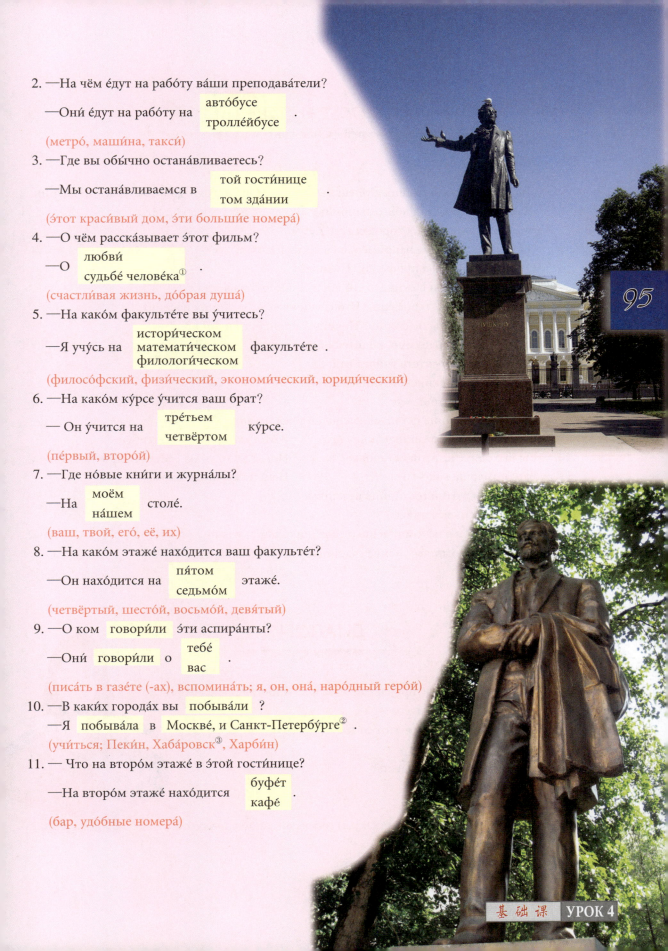

基础课 УРОК 4

ВОПРОСЫ И ОТВЕТЫ

1. —Где нахо́дится гости́ница «Москва́»? —Она́ нахо́дится в том кра́сном зда́нии.
2. —Та́ня, почему́ ты так до́лго звони́шь? —Я зака́зываю биле́ты.
3. —Зна́ете ли вы, в каки́х города́х есть метро́?
    —В кру́пных города́х, наприме́р, в Пеки́не, Шанха́е.
4. —О чём расска́зывал профе́ссор Ивано́в?
    —Он расска́зывал о Пеки́не, о его́ достопримеча́тельностях.
5. —А́ллочка, почему́ ты не ешь? Что случи́лось? —Я ищу́ па́спорт.
6. —Ма́ша, почему́ ты не спишь? Почему́ в коридо́ре сиди́шь?
    —В ко́мнате о́чень шу́мно, роди́тели ссо́рятся.
7. — В како́м университе́те учи́лся ваш дя́дя?
    — Он учи́лся в Пеки́нском университе́те.
8. —О чём ты ду́маешь?
    —В како́й гости́нице остана́вливались Алёша и Та́ня.
9. — Где вы бы́ли на зи́мних кани́кулах? —В Москве́ и Санкт-Петербу́рге.
10. —Вы выхо́дите на э́той остано́вке? —Нет, я выхожу́ на сле́дующей остано́вке.
11. —Ваш но́мер на како́м этаже́? —Наш но́мер на шесто́м.
12. —Рабо́тники в э́той гости́нице ве́жливые?
    —Да, они́ о́чень ве́жливые.
13. —Са́ша, ты ча́сто вспомина́ешь о свое́й шко́льной жи́зни?
    —Да, ча́сто вспомина́ю. Како́е счастли́вое вре́мя бы́ло!

ДИАЛОГИ

1. —Скажи́те, пожа́луйста, где продаю́тся кни́ги на иностра́нных языка́х?
   —В отде́ле «Иностра́нная литерату́ра».
   —А на како́м этаже́ нахо́дится э́тот отде́л?
   —На четвёртом этаже́.
2. —Приве́т, Ви́ктор! Как пожива́ешь?
   —Всё в поря́дке④.
   —Ты уже́ ко́нчил университе́т?
   —Учу́сь тепе́рь в аспиранту́ре в Моско́вском госуда́рственном университе́те⑤.
      А ты?
   —Рабо́таю в педагоги́ческом университе́те.

3. —Алёша, кто тот мужчи́на?
—Како́й?
—Вон тот, в очка́х⑥.
—Кото́рый в се́ром костю́ме?
—Нет, в чёрном.
—Э́то наш ре́ктор.

4. —Вы ра́ньше бы́ли в Москве́?
—Нет, я здесь пе́рвый раз.
—Где уже́ побыва́ли?
—На Кра́сной пло́щади⑦, в Кремле́⑧, в Большо́м теа́тре.

ТЕКСТ

В гости́нице

Алёша и Та́ня мно́го путеше́ствуют. Когда́ они́ е́дут в друго́й го́род, они́ всегда́ зара́нее зака́зывают но́мер в гости́нице⑨. Они́ остана́вливались и в больши́х оте́лях, и в ма́леньких гости́ницах.

На про́шлой неде́ле они́ бы́ли в Санкт-Петербу́рге. Там они́ остана́вливались в гости́нице «Москва́». Гости́ница нахо́дится не в це́нтре го́рода, но ря́дом метро́.

Алёша и Та́ня сня́ли но́мер⑩ на шесто́м этаже́. Гости́ница о́чень удо́бная: рестора́н на пе́рвом этаже́, на второ́м — буфе́т. Рабо́тники в э́той гости́нице о́чень ве́жливые и гостеприи́мные.

КОММЕНТАРИИ

① судьба́ челове́ка 人的命运。
② Санкт-Петербу́рг 圣彼得堡
③ Хаба́ровск 哈巴罗夫斯克
④ Всё в поря́дке. 一切正常。
⑤ Моско́вский госуда́рственный университе́т 莫斯科国立大学
⑥ в очка́х 戴眼镜
⑦ Кра́сная пло́щадь 红场
⑧ Кремль [阳] 克里姆林宫
⑨ Когда́ они́ е́дут в друго́й го́род, они́ всегда́ зара́нее зака́зывают но́мер в гости́нице.
当他们去别的城市的时候，他们总是预订宾馆的房间。
⑩ Они́ сня́ли но́мер. 他们开了一个房间。

НОВЫЕ СЛОВА И СЛОВОСОЧЕТАНИЯ

четвёртый, -ая, -ое, -ые 第四
по́лка, -и 书架
санато́рий, -и [阳] 疗养院
па́ртия, -ии 党

си́ний, -яя, -ее, -ие 蓝色的
свой, -я, -ё, -и [代] 自己的
ждать, жду, ждёшь (及物) 等,
　等待

мочь, могу́, мо́жешь 能,能够
вчера́ [副] 昨天
о́вощи [复] 蔬菜
хлеб, -а 面包

продукто́вый, -ая, -ое, -ые 食品的，食物的
овощно́й, -а́я, -о́е, -ы́е 蔬菜的，蔬菜做的
конди́терская, -ая, -ое, -ие [名] 糕点店
торт, -ы(或 -ы́) 蛋糕
тролле́йбус, -ы 无轨电车
остана́вливаться, -ваюсь, -ваешься 停留
фильм, -ы 电影
любо́вь [阴] 爱，爱情
судьба́, су́дьбы 命运
счастли́вый, -ая, -ое, -ые 幸福的
душа́ 心灵
истори́ческий, -ая, -ое, -ие 历史的
математи́ческий, -ая, -ое, -ие 数学的
филологи́ческий, -ая, -ое, -ие 语文的
филосо́фский, -ая, -ое, -ие 哲学的
физи́ческий, -ая, -ое, -ие 物理的
экономи́ческий, -ая, -ое, -ие 经济的
юриди́ческий, -ая, -ое, -ие 法律的
курс, -ы 年级
брат, бра́тья 兄；弟

пя́тый, -ая, -ое, -ые 第五
шесто́й, -а́я, -о́е, -ы́е 第六
седьмо́й, -а́я, -о́е, -ы́е 第七
восьмо́й, -а́я, -о́е, -ы́е 第八
девя́тый, -ая, -ое, -ые 第九
вспомина́ть, -аю, -аешь（及物）想起；回忆起
наро́дный, -ая, -ое, -ые 人民的
геро́й, -и 英雄
побыва́ть, -аю, -аешь 去，到过
буфе́т, -ы 小卖部
бар, -ы 酒吧
удо́бный, -ая, -ое, -ие 舒适的
до́лго [副] 长时间地
зака́зывать, -ваю, -ваешь（及物）订
кру́пный, -ая, -ое, -ые 大的
наприме́р 例如
иска́ть, ищу́, и́щешь（及物）寻找
спать, сплю, спишь 睡觉
ссо́риться, -рюсь, -ришься 争吵
выходи́ть, -ожу́, -о́дишь 出来；朝向
остано́вка, -и 车站
сле́дующий, -ая, -ее, -ие 下面的；下列的
рабо́тник, -и 工作人员
ве́жливый, -ая, -ое, -ые 彬彬有礼的；有礼貌的

шко́льный, -ая, -ое, -ые 学校的；学生的
продава́ться, -даётся, -даются 卖；销售
иностра́нный, -ая, -ое, -ые 外国的
язы́к, -и́ 语言
отде́л, -ы 部；处
литерату́ра 文学；书籍
аспиранту́ра, -ы 研究生院
педагоги́ческий, -ая, -ое, -ие 师范的
се́рый, -ая, -ое, -ые 灰色的
костю́м, -ы 西装
чёрный, -ая, -ое, -ые 黑色的
ра́ньше [副] 从前
раз, -ы́ 次；回
путеше́ствовать, -твую, -твуешь 旅游
друго́й, -а́я, -о́е, -и́е 其他的
всегда́ [副] 永远；总是
зара́нее [副] 事先，预先
оте́ль, -я [阳] 旅馆
неде́ля, -и 星期
гостеприи́мный, -ая, -ое, -ые 好客的，殷勤的

ВНЕАУДИТОРНЫЕ УПРАЖНЕНИЯ И ЗАДАНИЯ
（课外练习与作业）

 1. 朗读下列句子，选用右边的词组替换句中斜体词组。

1) Мы говори́ли *о но́вом фи́льме*.

2) Мы слу́шали докла́д *об исто́рии Кита́я*.

3) Мой брат рабо́тает *в пе́рвой шко́ле*.

своя́ ро́дина   счастли́вая жизнь
пеки́нская о́пера   кита́йская литерату́ра
путеше́ствие   про́шлое
Пеки́нский университе́т
городска́я больни́ца тра́кторный заво́д
Харби́нский вокза́л   большо́й урожа́й

2. 把斜体词变成复数第六格形式。

1) Они живут в *большой, светлой комнате*.
2) В *этом новом и высоком здании* живут иностранные туристы.
3) В *этом письме* он рассказывает о жизни в университете.
4) В газете писали об *этом известном герое*.
5) Они говорят о *своём иностранном преподавателе*.
6) Вчера мы говорили об *этом интересном фильме*.
7) В прошлое воскресенье они гуляли в *городском парке*.
8) Ты слушал передачу об *этой средней школе*?
9) В *этой песне* народ поёт о *своей родине*.
10) Туристы остановились в *этой новой и красивой гостинице*.

 3. 回答下列问题。

1) О ком поют певцы?
2) О чём вы поёте?
3) О чём вы будете рассказывать?
4) В каких домах жили крестьяне в прошлом? А теперь?
5) О чём вы разговаривали?
6) О чём рассказывал ваш гид?
7) На каком заводе ваш отец работает?
8) Что вы знаете о нашей стране?
9) О ком вы часто вспоминаете?
10) О чём вы часто вспоминаете?

 4. 将括号中的代词变成第六格形式。

1) Вот наш город. В (он) большие заводы, высокие здания.
2) Это первая школа. О (она) часто пишут в газетах.
3) Вы видите тот белый дом? Раньше в (он) жил известный поэт.
4) Вот картина. На (она) леса, поля и горы.
5) Анна Петровна, о (вы) спрашивали ребята.
6) Это наша гостиница. В (она) светлые и чистые номера.
7) Вот шестая школа. В (она) учится моя сестра.
8) Они известные герои. О (они) знает каждый из нас.
9) Вчера я получил письмо. В (оно) отец пишет, что на следующей неделе он едет в Шанхай.
10) Мы знаем реку Хуанхэ. О (она) много поют.

 5. 将括号里的名词或词组变成第六格形式。

1) Мы едем в город на (автобус).
2) В (эти автобусы) едут иностранные туристы.
3) Во (все города) идёт большое строительство.
4) Я люблю слушать рассказы о (русская природа).
5) Мы говорили об (интересный роман).
6) В (деревни) теперь люди живут хорошо.
7) На (главные улицы) находятся большие магазины, театры.
8) В (эти универмаги) вчера мы уже были.

9) Вéчером я чáсто гуляю на (эта нáбережная).
10) В (эти нóвые домá) живýт крестьяне.

6. Используйте смотрéть — вúдеть, слýшать — слы́шать填空。

1) Я óчень хорошó ... и ... .
2) Он ... óчень внимáтельно.
3) Мы хорошó ..., что гид говорúт.
4) Мáша óчень любит ... мýзыку. Онá чáсто ... рáдио.
5) Бáбушка óчень любит ..., как дéти игрáют.

7. 翻译下列句子。

1) 上个月我们和父母去过圣彼得堡。
2) 这些员工非常和善、殷勤。
3) 游客们在谈论昨天的游览。
4) 阿廖沙和丹尼娅入住了那家坐落在中央大街的豪华宾馆。
5) 这家商店卖各种纪念品。
6) 我想看那部讲著名演员的电影。
7) 我们曾非常喜欢旅游,去过很多地方。
8) 以前我没到过北京。这是第一次。

8. 将下列句子译成汉语。

1) В нáшей столóвой готóвят не óчень вкýсно.
2) —О чём поют эти дéвушки? —О любвú, о Рóдине, о веснé.
3) Ректорáт нахóдится на пятом этажé, а нáша аудитóрия — на трéтьем.
4) —На чём вы éздите на рабóту? —Обы́чно на метрó, но иногдá и на автóбусе.
5) Почемý ты не идёшь на занятия?

9. 续句子。

1) Вчерá ýтром я ... .
2) На столé лежáт ... .
3) В магазúне «Овощи и фрýкты» продаются ... .
4) На собрáнии студéнты говорúли о ... .
5) То высóкое здáние — ... .

10. 连词成句。

1) Я, учúться, в, Хэйлунцзянский, университéт, а, мой, сестрá, в, Пекúнский, педагогúческий, университéт.
2) Вчерá, мы, смотрéть, фильм, о, любóвь.
3) Я, мочь, подóлгу, сидéть, в, библиотéка, и, читáть, кнúги.
4) Пéтя, чáсто, вспоминáть, о, свой, пéрвый, учúтель.
5) На, зúмние, канúкулы, Мúша, отдыхáть, в, дерéвня, а, Вéра, на, южный, курóрт.

11. 背诵课文。

12. 如果不困难，就请记住下列表蔬菜的名词。

капу́ста	圆白菜	помидо́р	西红柿	огуре́ц	黄瓜
баклажа́н	茄子	лук	葱	морко́вь	胡萝卜
фасо́ль	豆角	кабачо́к	西葫芦		

 常 用 熟 语

О вку́сах не спо́рят.
一人一个口味；各有所好。

В здоро́вом те́ле — здоро́вый дух.
健康的精神寓于健康的体魄。

ПОВТОРЕНИЕ I

Упражнения и задания

1. 说出下列名词的复数形式，注意重音。

1) сад　　врач　　пляж　　старик　　чемодан　　студент　　турист
2) день　　санаторий　　водитель　　преподаватель
3) страна　　подруга　　юноша　　девушка　　гостиница
4) аллея　　деревня　　фамилия
5) вещь　　кровать　　площадь
6) дом　　город　　номер　　остров　　китаец　　японец　　паспорт　　россиянин
7) брат　　стул　　стол　　друг　　дерево
8) имя　　поле　　место　　здание　　время

2. 说出下列动词的各种人称形式。

1) читать　　делать　　петь　　танцевать　　разговаривать
　　помогать　　жить　　писать　　вставать　　чувствовать
　　собираться　　брать　　взять　　умываться　　мочь

2) люби́ть сиде́ть стоя́ть звони́ть говори́ть
   хоте́ть лежа́ть ви́деть слы́шать учи́ться
   находи́ться

 3. 用下列单词组词。

брю́ки   дре́вний   го́род   ста́рый   учи́тель
ую́тный   вуз   живопи́сный   до́брый   па́мятник
популя́рный факульте́т   совреме́нный   фру́кты   истори́ческий
фильм   разнообра́зный отель   росси́йский
роди́тели

 4. 将括号里的代词和形容词变成相应的形式。

1) Кака́я (хоро́ший) пого́да!   2) То (высо́кий) зда́ние — (наш) гости́ница.
3) (Тот) де́вушка — (ваш) ста́роста.   4) (Чей) э́то су́мка?
5) Э́то (вчера́шний) газе́та.   6) Э́ти фо́то и пи́сьма (твой)?
7) (Чей) э́то де́ньги?   8) (Како́й) города́ Пеки́н и Шанха́й?
9) (Весь, э́тот) кни́ги о́чень (интере́сный). 10) (Э́тот) морски́е проду́кты (све́жий)?
11) (Тот) места́ (наш)?   12) Здесь есть (большо́й, совреме́нный) предприя́тия.
13) Где (наш) ребя́та?   14) (Э́тот) ве́щи (мой), а те — (твой).
15) Пеки́н и Сиа́нь — (дре́вний) города́.

 5. 将括号里的动词变成相应的人称形式。

Меня́ зову́т Макси́м. Я (учи́ться) в институ́те. У́тром я ра́но (встава́ть), (умыва́ться), немно́го (бе́гать) и (за́втракать). Ка́ждый день я мно́го (чита́ть), (писа́ть) по-ру́сски. Все на́ши ребя́та мно́го (рабо́тать). Сейча́с мы уже́ немно́го (говори́ть) и (понима́ть) по-ру́сски.

Ве́чером вся на́ша семья́ (отдыха́ть) до́ма: мы (слу́шать) ра́дио, (чита́ть) газе́ты и (разгова́ривать). Я (люби́ть) игра́ть в ша́хматы и́ли в ка́рты.

6. 选择适当的动词填空。

разгова́ривать   говори́ть   расска́зывать

1) Са́ша и Ни́на сидя́т в ко́мнате и ти́хо _____.
2) Э́та де́вушка хорошо́ _____ и пи́шет по-ру́сски.
3) Гид интере́сно _____, а тури́сты внима́тельно слу́шают.
4) Друзья́ иду́т и _____.

понима́ть   знать

1) Как вы _____ по-ру́сски?
2) Все ребя́та хорошо́ _____ ру́сский язы́к.
3) Извини́те, мы не _____, где нахо́дится библиоте́ка.
4) Я пло́хо _____. Мо́жете говори́ть ме́дленнее (慢一些)?

ПОВТОРЕНИЕ I

7. 选择适当的前置词填空，并把括号中的词变成需要的形式。

1) Памятник стоит (центр). 2) Саша лежит (больница).
3) Дети играют (двор). 4) Наши гости загорают (пляж).
5) Мужчины сидят (бар), а женщины отдыхают (гостиница).
6) Какие они молодцы! Другие ребята играют, а они (комната) разговаривают (учёба).
7) (самолёт) Саша много рассказывает (авиакатастрофа) (空难).
8) Парни стоят (коридор) и курят.

 8. 按示例回答问题。

示例：—Скажите, Саша сейчас читает? —Маша сейчас пишет?
—Да. —Нет.
—А что вы делаете? —Кто пишет?
—Пишу. —Я пишу.

1) Вы сейчас работаете? Вы сейчас учитесь? Что вы сейчас делаете? Кто работает?
2) Вы купаетесь? Вы загораете? Что вы делаете? Кто купается?
3) Вы любите петь? Вы любите танцевать? Что вы любите делать?
4) Вы любите работать вечером? Вы любите работать утром? Когда вы любите работать?
5) Вы хотите играть в шахматы(下象棋)? Вы хотите играть в карты(打扑克)? Что вы хотите делать?
6) Ваша семья живёт в городе? Ваша семья живёт в деревне? Где ваша семья живёт?
7) Машина стоит на площади? Машина стоит на улице? Где машина стоит? Что стоит на площади?
8) Скажите, пожалуйста, это большая гостиница? Это маленькая гостиница? А какая это гостиница?

9. 连词成句。

1) На, летний, каникулы, мы, отдыхать, в, лес.
2) Гид, интересно, рассказывать, о, исторический, памятник.
3) Мой, бабушка, и, дедушка, жить, в, деревня, а, родители, — в, город.
4) Вы, ехать, на, работа, на, автобус, или, на, метро?
5) Я, учиться, на, филологический, факультет, а, мой, брат — на, экономический.
6) —Где, вы, уже, побывать, в, Харбин?
  —Мы, побывать, в, центр, на, берег, Сунхуацзян(松花江), и, в, другой, места.
7) —Девушка, в, красный, платье, — твой, сестра?
  —Нет, мой, подруга.
8) —О, кто, он, так, интересно, рассказывать?
  —О великий, китайский, поэты, и, писатели.

 **10. 续句子。**

1) Люба интересно рассказывает, и я люблю ... .
2) Саша хорошо говорит не только по-русски, но и ... .
3) Сейчас не все в автобусе, Нина и Максим ... .
4) В автобусе одни разговаривают, а другие ... .
5) Максим любит играть в шахматы, а Вера ... .
6) Ван Мин хорошо говорит по-русски, а я хорошо ... .
7) Москва — большой город, это ... .
8) Я не собираюсь кататься ... .
9) На площади молодые люди поют и танцуют, а дети ... .
10) Вы не знаете, где ... ?

 11. 回答问题。

1) Какая ваша семья? Кто где работает?
2) Где ваша семья отдыхает летом?
3) Почему зимой многие туристы приезжают в город Санья (三亚市)?
4) Что могут увидеть (看到) туристы в Пекине?
5) Какой город ваш любимый город? Почему?
6) В каких китайских городах вы побывали?
7) Где находится площадь Тяньаньмэнь?
8) Что стоит на площади Тяньаньмэнь? 9) Где вы любите жить? В городе или в деревне?
10) Что вы любите делать летом? 11) Вы сейчас можете разговаривать по-русски?
12) Что вы собираетесь делать вечером?

 12. 用下列词和词组造句。

каждый день   и другие   потому что   чувствовать себя

 13. 续对话。

1) —... ?
   —Студенты отвечают правильно.
3) —... ?
   —Нет, мы разговариваем по-китайски.
5) —Ты живёшь в общежитии?
   —... .
   —А Саша тоже живёт в общежитии?
   —... .
7) —Где находится ректорат?
   —... .
   —А деканат?
   —... .

2) —Твой друг живёт в Москве?
   —... .
4) —Что вы обычно делаете в библиотеке?
   —... .
6) —... ?
   —Мы любим гулять в парке. А вы?
   —... .

14. 将下列句子译成俄语。

1) 这些城市大,那些城市小。
2) 这是一本新书。这本新书很有趣。
3) 哈尔滨是座美丽的城市,特别是在冬天。
4) 花园里有各种各样的花。
5) 现在我只能听懂一点儿俄语。
6) 每年夏天我们都到这里来。
7) 你现在想游泳吗?
8) 这个宾馆设施齐全。客人们都喜欢住在这里。
9) —你们是俄罗斯人吗? —是的,我们是俄罗斯人。
10) 我们的老师不仅懂英语,还懂俄语。
11) 我住在城里,而我父母住在农村。
12) 冬天我们家打算在海南岛休息。
13) 天安门广场是世界上最大的广场。
14) 我在北京大学读书,他在莫斯科国立大学读书。
15) 小男孩和妈妈躺在沙滩上晒太阳。
16) 我在北京学习,我弟弟在上海学习。
17) 米沙是一个诚实、善良的小伙子。
18) 这是一个风景如画的地方。这里经常举办各种各样的晚会。
19) 他喜欢在饭店吃饭。我不喜欢。
20) 角落里站着一个又胖(то́лстый)又高、戴着眼镜的男人。他是谁呀?

15. 用下列词组编短文。

Пеки́нский университе́т
ра́зные факульте́ты
мно́го говори́ть по-ру́сски
находи́ться в Пеки́не

изве́стный вуз
стара́тельно занима́ться
иностра́нные преподава́тели
учи́ться стара́тельно, но знать ма́ло

УРОК 5 (ПЯТЫЙ)

ГРАММАТИКА
- I. 及物动词和不及物动词
- II. 补语
- III. 阴性名词单数第四格
- IV. 形容词、代词阴性单数第四格
- V. 前置词 в, на (2)

ТЕКСТ Времена́ го́да

ГРАММАТИКА

听录音请扫二维码

I. 及物动词和不及物动词

俄语动词分为及物动词和不及物动词两大类。

及物动词表示直接及于客体的动作，其客体用不带前置词的名词第四格形式表示，例如：слу́шать му́зыку, посеща́ть вы́ставку, покупа́ть руба́шку, чита́ть кни́гу 等。

不及物动词或者不要求客体，或者用带前置词的第四格，或其他间接格形式表示客体，例如：рабо́тать на заво́де, сиде́ть на сту́ле 等。

带 -ся 动词均为不及物动词，例如：купа́ться, одева́ться, умыва́ться, занима́ться, собира́ться 等。

II. 补语

补语是句子的次要成分。

补语表示动作涉及的客体，对补语提问时，用кого́-что 或其他间接格形式。

通常，用不带前置词的第四格形式表示的动作客体为直接补语，提问时用кого́-что。例如：

1) —Что ты чита́ешь? 你在读什么？　—Я чита́ю газе́ту. 我在读报纸。

这里что, газе́ту 都是第四格形式，是动词чита́ть 的直接补语。

2) —Кого́ вы ча́сто вспомина́ете? 您常常回忆起谁？

——Я ча́сто вспомина́ю ба́бушку. 我常常回忆起祖母。

这里кого́, ба́бушку都是第四格形式，是动词вспомина́ть的直接补语。

III. 阴性名词单数第四格

一格词尾为-a, -я的阴性名词，单数第四格词尾为-y, -ю；以-ья, -ия结尾的阴性名词，单数第四格词尾为 -ью, -ию；以-ь结尾的阴性名词，单数第四格词尾不变化。

第一格	第四格	词尾
перево́дчица гости́ница	перево́дчицу гости́ницу	-у
дере́вня	дере́вню	-ю
экску́рсия	экску́рсию	-ию
статья́	статью́	-ью
достопримеча́тельность крова́ть, тетра́дь		-ь

① 代词кто的四格形式为кого́, что的四格形式依旧为что。
② 有些阴性名词构成单数第四格时，重音移动。例如：
  стена́ — сте́ну, среда́ — сре́ду, гора́ — го́ру
  земля́ — зе́млю, зима́ — зи́му, цена́ — це́ну
③ дочь, мать的单数第四格同第一格。

IV. 形容词、代词阴性单数第四格

形容词阴性单数第一格词尾为-ая (-яя)，第四格为 -ую (-юю)。
指示代词，物主代词和限定代词阴性单数第一格词尾为-а (-я)，第四格为 -у (-ю)。

格 词类	第一格	第四格	词尾
形容词	больша́я взро́слая (成年的) си́няя	большу́ю взро́слую си́нюю	-ую -юю
代词	кака́я	каку́ю	-ую
代词	э́та та на́ша ва́ша	э́ту ту на́шу ва́шу	-у
代词	моя́ твоя́ чья своя́ вся	мою́ твою́ чью свою́ всю	-ю

V. 前置词 в, на (2)

前置词 в, на 与名词第四格连用,表示运动的方向,回答 куда 提出的问题。例如:

1) —Куда́ ты идёшь? / 你到哪儿去?
—Я иду́ в гости́ницу. / 我到宾馆去。

2) —Куда́ идёт А́нна Петро́вна? / 安娜·彼得罗夫娜到哪儿去?
—Она́ идёт в апте́ку. / 她去药店。

前置词 в 表示"到……里","到……中"等意义,例如:идти́ в рестора́н (в ко́мнату, в столо́вую)(去饭店,去房间,去食堂), сади́ться в авто́бус (上汽车), доро́га в го́род (进城的路), смотре́ть в окно́ (看窗外)。

前置词 в 表示行为发生的时间、完成的期限、反复的期限,表示"在……时候","在……期间"等意义,例如:в четве́рг (在星期四), в настоя́щее вре́мя (现在)等。

前置词 на 表示"到……上",例如:идти́ на пло́щадь (到操场上)。但与某些名词连用时,也可表示"到……里"的意义,例如:идти́ на по́чту (去邮局)。

前置词 на 与某些名词第四格连用时,除表示方向意义外,兼有"去做某事"的意思,例如:

前置词 на 表示时间,例如:行为发生的时间、期限,表示"在……时","在……期限内","期限为……"等意义。

前置词 на 与 неде́ля, день, год 连用时,常用 друго́й, сле́дующий 等词或顺序数词 (пе́рвый 除外) 作定语,表示在某事发生后的第……天(周,年)等。例如:на друго́й день (次日)。

РЕЧЕВЫЕ ОБРАЗЦЫ

1. —Что вы чита́ете?
—Я чита́ю газе́ту / статью́

(кни́га, ска́зка)

2. —Каку́ю кни́гу вы чита́ете?
—Я чита́ю но́вую / интере́сную кни́гу.

(све́жий, вчера́шний; газе́та)

3. —Чью фотогра́фию пока́зывает Бори́с?
—Он пока́зывает мою́ / твою́ / её / их фотогра́фию.

(видеока́мера, кварти́ра; свой, ваш, наш, его́)

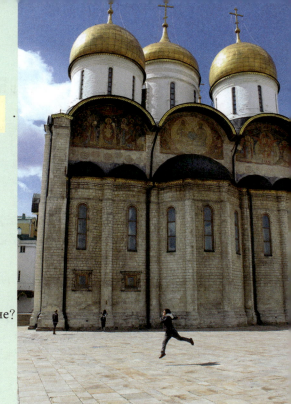

4. —Кого́ вы ча́сто ви́дите в ва́шем университе́те?

   —Там я ча́сто ви́жу э́ту краси́вую певи́цу / ту симпати́чную студе́нтку.

   (та молода́я де́вушка, та аспира́нтка)

5. —Куда́ ты идёшь (е́дешь)?

   —Я иду́ (е́ду) в аудито́рию / апте́ку / столо́вую / на по́чту / вы́ставку / экску́рсию.

   (больни́ца, магази́н, о́пера, докла́д, рабо́та)

6. —Что вы покупа́ете в э́том продукто́вом магази́не?

   —Я покупа́ю ры́бу / капу́сту.

   (колбаса́, лапша́, бу́лочка)

ВОПРОСЫ И ОТВЕТЫ

1. —Что ты пи́шешь? — Я пишу́ зада́ния.
2. —Что там де́лают молоды́е лю́ди? — Они́ слу́шают му́зыку.
3. —Каку́ю му́зыку вы лю́бите слу́шать? — Класси́ческую.
4. —Вы лю́бите слу́шать о́перу? — Я не люблю́ о́перу.
5. —Вы чита́ли э́ту по́весть? — Да, чита́ла. Хоро́шая по́весть.
6. —Вы слы́шали э́ту но́вость? — Да, слы́шала.
7. —Сейча́с я иду́ на вы́ставку. А вы? — Я то́же иду́ на вы́ставку.
8. —Сейча́с мы идём на конце́рт. А вы? — Мы идём на пеки́нскую о́перу.
9. —Сейча́с мы идём в гости́ницу. А они́? — Они́ иду́т на Кра́сную пло́щадь.
10. —Что вы лю́бите де́лать в свобо́дное вре́мя?
    —Я обы́чно рису́ю и́ли слу́шаю му́зыку.
11. —Како́е вре́мя го́да вы лю́бите? — Я о́чень люблю́ весну́.
12. —Кто лю́бит спо́рить? — Коне́чно, наш ста́роста.
13. —Вы лю́бите пла́вать и загора́ть?
    —Да, ле́том мы пла́ваем в реке́, загора́ем на пля́же.
14. —О́сенью тут го́ры краси́вые? — Да, ли́стья на дере́вьях разноцве́тные.
15. —Зимо́й вы хо́дите на лы́жах?
    —Коне́чно, мы хо́дим на лы́жах и игра́ем в снежки́.

ДИАЛОГИ

1. —Ира, куда вы идёте?
   —Мы идём в городскую библиотеку. А вы?
   —Мы идём в универмаг.

2. —Куда ты едешь, Максим?
   —В центр. А ты?
   —Я тоже еду туда.
   —Едем вместе!

3. —Здравствуй, Андрей!
   —Здравствуй, Максим! Ну, как дела?
   —Спасибо, хорошо.
   —Куда это ты едешь?
   —В командировку в Москву. А ты?
   —В Хабаровск.

4. —Что ты любишь делать в свободное время?
   —Зимой я катаюсь на коньках, хожу на лыжах, а летом плаваю в море, загораю на пляже.
   —А ты не играешь в футбол?
   —Нет, не люблю. Иногда играю в баскетбол. А ты в футбол играешь?
   —Конечно.

ТЕКСТ

Времена года

Однажды вечером мы сидели в аудитории и спорили, какое время года лучше[①]. Оля сказала:

—Я очень люблю весну. Почему? Весной тает снег, текут ручьи, на земле появляется нежная трава.

—Да, весной хорошо, но грязно. А я люблю лето. Летом солнце ярко светит, везде цветут цветы. Мы можем плавать в реке, загорать на пляже, —говорит Таня.

—Нет, летом слишком жарко, —возражает Аня. —А я люблю осень. Осенью листья в лесу разноцветные: зелёные, жёлтые, красные. Осень—романтичное время года.

—А я люблю зиму. На полях, в лесах, на реках и озёрах — везде белый снег. Зимой мы можем кататься на коньках, на санках, ходить на лыжах, играть в снежки[②], — говорит Маша.

—Дорогие друзья, а какое время года вы любите?

КОММЕНТАРИИ

① Какое время года лучше? 什么季节好?   ② играть в снежки 打雪仗

НОВЫЕ СЛОВА И СЛОВОСОЧЕТАНИЯ

посещáть, -áю, -áешь（及物）参观

вы́ставка, -и 展览会

покупáть, áю, áешь（及物）买

перевóдчица, -ы 女翻译

экскýрсия, -и 参观；旅游

статья́, -и́ 文章

тетрáдь, -и [阴] 练习册, 笔记本

горá, гóры 山, 山脉

взрóслый, -ая, -ое, -ые 成年的

собрáние, -я 会议

скáзка, -и 童话

вчерáшний, -яя, -ее, -ие 昨天的

фотогрáфия, -ии 照片

покáзывать, -аю, -аешь（及物）展示；给……看

видеокáмера, -ы 摄像机

квартúра, -ы 住宅

вúдеть, вúжу, вúдишь（及物）看到

певúца, -ы 女歌手

симпатúчный, -ая, -ое, -ые 惹人喜爱的

аспирáнтка, -н（女）研究生

éхать, -ду, -дешь 乘行, 去

óпера, -ы 歌剧

    пекúнская ~ 京剧

доклáд, -ы 报告

капýста 卷心菜

колбасá 香肠

лапшá 面条

бýлочка, -и 小面包

класси́ческий, -ая, -ое, -ие 古典的

пóвесть, -и [阴] 中篇小说

нóвость, -и [阴] 新闻

свобóдный, -ая, -ое, -ые 空闲的

óсенью [副]（在）秋天,（在）秋季

разноцвéтный, -ая, -ое, -ые 五颜六色的, 五光十色的

зимóй [副] 冬季

лы́жи [复] 滑雪板

снежóк, -жки́ 小雪；小雪球〔只用复数〕

игрáть в снежки́ 打雪仗

городскóй, -áя, -óе, -и́е 城市的；市立的

командирóвка, -и 出差

катáться, -áюсь, -áешься 乘车、船、雪橇、骑马（兜风）；滑冰, 滑雪

конькú [复] 冰鞋, 冰刀

мóре, -я́ 海

иногдá [副] 有时；偶尔

баскетбóл 篮球运动

футбóл 足球运动

однáжды [副] 有一次

веснóй [副]（在）春天,（在）春季

тáять, тáю, тáешь（冰、雪）融化

снег 雪

течь, течёт, текýт 流, 流淌；（河水）流动, 流向

ручéй, -чья́, 溪, 小河

земля́, зéмли 土地；大地

появля́ться, -я́юсь, -я́ешься 出现；产生, 发生, 显现出来

нéжный, -ая, -ое, -ые 鲜嫩的, 柔软的

травá, -ы́ 草

гря́зно [副] 脏

я́рко [副] 明亮, 艳丽, 耀眼

светúть, -тит, -тят 发光, 照耀

цвестú, цветёт, цветýт 绽放, 开花

слúшком [副] 太过, 过于

жáрко [副] 酷热

возражáть, -áю, -áешь 反驳, 驳斥

крáсный, -ая, -ое, -ые 红色的

óсень [阴] 秋

романтúчный, -ая, -ое, -ые 浪漫的

сáнки [复] 雪橇；小爬犁

ВНЕАУДИТОРНЫЕ УПРАЖНЕНИЯ И ЗАДАНИЯ
(课外练习与作业)

 1. 按示例提问并回答。

示例：—Сегодня мы посещаем выставку. А вы?
　　　—Мы тоже посещаем выставку.

1) Мой друзья слушают музыку.
2) Андрей и Саша читают свежую газету.
3) Днём туристы посещают площадь Тяньаньмэнь.
4) Мы часто видим эту красивую девушку.
5) Девушка предлагает купить (建议买) белую рубашку.
6) Молодые люди любят слушать лёгкую музыку.

 2. 用括号中的词组的第一格或第四格形式填空。

1) ... лежит на столе.
　 Мы читаем ... .
　 (свежая газета)

2) На стене висит (挂着)... .
　 Саша внимательно смотрит ... .
　 (моя фотография)

3) Там находится ... .
　 Туристы идут на ... .
　 (знаменитая пешеходная улица 步行街)

4) Это ... .
　 Сейчас Надя читает ... .
　 (интересная книга)

5) Это ... .
　 Мой муж показывает ... .
　 (наша новая квартира)

 3. 将括号里的词和词组变成第四格。

1) Мой брат покупает (рубашка).
2) Сейчас мы читаем (новая книга).
3) Каждый день я вижу (эта симпатичная девушка).
4) Мы любим слушать (лёгкая музыка).
5) Гид показывает (пешеходная улица).
6) (Какая сумка) вы предлагаете?
7) Сейчас туристы посещают (горнолыжная база Ябули 亚布力滑雪场).
8) Иван часто вспоминает (своя бабушка).
9) Вечером мы идём на (пекинская опера).
10) На стене мы видим (красивая картина) и (большая карта КНР).

 4. 用动词的相应形式填空。

любить

1) Я ... слушать музыку.

идти

1) Молодые люди ... в кафе.

2) Воло́дя о́чень ... путеше́ствовать.
3) Все мы ... загора́ть на берегу́ реки́ Сунхуацзя́н.
4) Харби́нцы о́чень... свой го́род.

2) Я ... на рабо́ту.
3) Мари́я ... в больни́цу.
4) — Куда́ вы ... ?
— Мы ... на пеки́нскую о́перу.
5) — Куда́ ты ... ? — Я ... в столо́вую.

хоте́ть

1) Я ... пое́хать на пешехо́дную у́лицу.
3) Они́ ... посеща́ть пло́щадь Тяньаньмэ́нь.

2) Наш гид ... пла́вать в мо́ре.
4) Мы ... поката́ться на конька́х (滑一会儿冰).

5. 用куда́或где对划线词提问。

1) Моя́ сестра́ рабо́тает в гости́нице.   2) Они́ иду́т в больни́цу.
3) А́нна Петро́вна идёт в апте́ку.
4) Со́лнечный о́стров нахо́дится на берегу́ реки́ Сунхуацзя́н.
5) Э́ти тури́сты иду́т на пешехо́дную у́лицу.
6) В Харби́не прово́дится Фестива́ль льда и сне́га (冰雪节).
7) Молоды́е лю́ди иду́т на о́перу.   8) На лы́жной ба́зе мо́жно ката́ться на лы́жах.

6. 使用括号中的词或词组回答问题，注意в, на的用法。

示例： —Где рабо́тает Па́вел? (шко́ла)
—Он рабо́тает в шко́ле.
—Куда́ Па́вел идёт?
—Он идёт в шко́лу.

1) Где рабо́тает Зи́на? (Пе́рвый универма́г)
2) Куда́ Зи́на идёт? (де́тская поликли́ника)
3) Где у́чится ва́ша дочь? (филологи́ческий факульте́т)
4) Куда́ вы идёте по́сле рабо́ты (下班后)?
5) Где учи́лась Мари́на? (Пеки́нский университе́т)
6) Куда́ роди́тели иду́т у́тром? (заво́д, рабо́та)

7. 将句子译成汉语。

1) Я е́ду в Ботани́ческий сад (植物园).   2) Я иду́ в карти́нную галере́ю (画廊).
3) Мы е́дем в больни́цу.   4) Мы идём в библиоте́ку.
5) Мы идём на по́чту.   6) Они́ иду́т на фа́брику.
7) Она́ идёт на центра́льную пло́щадь.   8) Я иду́ на Кра́сную пло́щадь.
9) Я иду́ на рабо́ту.   10) Мы е́дем на экску́рсию.

8. 记住下列词组。

игра́ть (игра́) в баскетбо́л   打篮球   игра́ть (игра́) в те́ннис   打网球
игра́ть (игра́) в бадминто́н   打羽毛球   игра́ть (игра́) в насто́льный те́ннис   打乒乓球

играть (игра) в волейбол 打排球　　играть (игра) на гитаре 弹吉他
играть (игра) на скрипке 拉小提琴　　играть (игра) на рояле 弹钢琴
играть (игра) на гармошке 拉手风armоника 拉手风琴

 9. 读课文并回答问题。

　　Утром я иду в школу. Сначала я перехожу (穿过) улицу и вхожу в кафе. Там я завтракаю. Потом сажусь в автобус № 7 (номер 7). На остановке «Тверская улица» я выхожу, поворачиваю (拐弯) направо, пересекаю (穿过) площадь и захожу в школу. Мой класс находится на втором этаже. Я поднимаюсь по лестнице и вижу дверь — вот и наш класс. Я вхожу в класс и слышу: «Миша, привет!»

1) На чём я еду в школу?
2) На какой остановке я выхожу?
3) На каком этаже находится наш класс?

 10. 将下列句子译成俄语。

1) 我喜欢学习俄语。俄语是非常美的语言。　　2) 我现在去图书馆学习。
3) 你为什么不去食堂？　　　　　　　　　　　4) 我非常爱我的妈妈。
5) 萨沙喜欢学俄罗斯文学。　　　　　　　　　6) 你为什么不喜欢自己的奶奶？
7) 谁想去澡堂(баня)？

 11. 背诵课文。

 12. 如果不困难，就请记住下列词汇。

| Северный Ледовитый океан | 北冰洋 | Тихий океан | 太平洋 |
| Индийский океан | 印度洋 | Атлантический океан | 大西洋 |

交际用语

Давайте познакомимся.
我们认识一下吧。

Рад с вами познакомиться.
认识您(你们)很高兴。

УРОК 6

(ШЕСТОЙ)

ГРАММАТИКА
- I. 动物名词和非动物名词
- II. 阳性、中性名词单数第四格
- III. 形容词、代词的阳性、中性单数第四格
- IV. 人称代词第四格
- V. 俄罗斯人的姓和名的第四格

ТЕКСТ *Мой день*

ГРАММАТИКА

听录音请扫二维码

I. 动物名词和非动物名词

俄语名词分为动物名词和非动物名词。俄语语法中，表示人或动物的名词，叫作动物名词，回答кто提出的问题。例如：экскурсовóд, дéвушка, мать 等；其他名词都叫非动物名词，回答что提出的问题。例如：расскáз, гостúница, здáние, самолёт 等。

II. 阳性、中性名词单数第四格

阳性名词如果是非动物名词，单数第四格形式与第一格形式相同，试比较：

1) Это нóвый совремéнный гóрод. (一格)
   这是一座新的现代化城市。

   Мы посещáем нóвый совремéнный гóрод. (四格)
   我们在参观一座新的现代化城市。

2) Там нахóдится Сóлнечный óстров. (一格)
   太阳岛在那里。

   Турúсты посещáют Сóлнечный óстров. (四格)
   游客在参观太阳岛。

阳性名词如果属动物名词，则第四格形式与第一格形式不同，其变化规则如下：

第一格	第四格	词尾	说　明
гид граждани́н перево́дчик	ги́да граждани́на перево́дчика	-a	以硬辅音结尾的阳性动物名词加-a。
геро́й учи́тель	геро́я учи́теля	-я	以-й, -ь结尾的阳性动物名词变-я。

注意：

① 注意下列名词变格时的音变：
　　оте́ц — отца́ (е脱落)　　кита́ец — кита́йца (е变й)
② 以-a, -я结尾的阳性名词的变格与以-a, -я结尾的阴性名词相同，例如：
　　вспомина́ть де́душку, люби́ть дя́дю.
③ наро́д (人民) 等词具有集合意义，其第四格同第一格，例如：
　　люби́ть наро́д, понима́ть молодёжь.
④ 中性名词绝大多数都是非动物名词，其第四格同第一格。

Ⅲ. 形容词、代词的阳性、中性单数第四格

形容词、代词说明中性或阳性非动物名词时，单数第四格形式同第一格，例如：покупа́ть кита́йский сувени́р, посеща́ть э́тот музе́й, стро́ить высо́кое зда́ние；说明阳性动物名词时，单数第四格形式如下：

格 词类	第一格		第四格		词尾
形容词	но́вый молодо́й ру́сский	друг	но́вого молодо́го ру́сского	дру́га	-ого
	хоро́ший		хоро́шего		-его
代词	э́тот тот како́й	учи́тель	э́того того́ како́го	учи́теля	-ого
	мой твой наш ваш свой чей		моего́ твоего́ на́шего ва́шего своего́ чьего́		-его

注意：

① 词尾前是ж, ш, ч, щ的形容词，重音在词尾时，单数四格变为-ого；重音不在词尾时变为-его，例如：
большо́й друг — большо́го дру́га   хоро́ший перево́дчик — хоро́шего перево́дчика.

② 与де́душка, дя́дя这类名词搭配的形容词和代词，按说明阳性动物名词的形容词和代词变化，例如：
а. Де́ти лю́бят своего́ ста́рого де́душку. 孩子们爱自己的老爷爷。
б. Я зна́ю твоего́ дя́дю. 我认识你的伯父。

③ 由形容词转化成的名词变格时和形容词相同，例如：
рабо́чий — рабо́чего дежу́рный — дежу́рного.

IV. 人称代词第四格

人称代词的第四格形式如下：

第一格	я	ты	он, оно́	она́	мы	вы	они́
第四格	меня́	тебя́	его́	её	нас	вас	их

V. 俄罗斯人的姓和名的第四格

俄罗斯人的姓和名的第四格：男子姓名按阳性动物名词变格规则变化，女子姓名按阴性名词变格规则变化，例如：

第一格	第四格
Серге́й	Серге́я
Ивано́в	Ивано́ва
Ната́ша	Ната́шу
Петро́ва	Петро́ву

РЕЧЕВЫЕ ОБРАЗЦЫ

1. —Кого́ вы встреча́ете?
   —Я встреча́ю на́шего дире́ктора / своего́ дру́га.
   (мой, его́; ре́ктор, брат, де́душка)

2. Преподава́тель хорошо́ зна́ет ка́ждого / э́того / того́ студе́нта.
   (учи́тель, учени́к; он, рабо́чий)

3. —Кого ждёт наш директор?

—Он ждёт меня / тебя / его / её .

(мы, вы, они)

4. —Кого вы ждёте?

—Я жду моего брата Андрея / доктора Иванова / мою сестру Нину / профессора Иванову .

(Мария, Борис, Олег, Вера, Саша, Игорь)

5. —Кого вы часто вспоминаете?

—Я часто вспоминаю моего первого учителя / моего дедушку .

(мой дядя, мой младший брат)

ВОПРОСЫ И ОТВЕТЫ

1. —Вы знаете нашего ректора? —Да, я его знаю. Только он меня не знает.
2. —Я встречаю своего дедушку. А вы? —Я встречаю своего дядю.
3. —Вы знаете моего отца? —Конечно, он мой хороший друг.
4. —Ты хорошо знаешь инженера Иванова?
   —Нет, я плохо знаю этого товарища.
5. —Ты часто видишь Нину? —Нет, я её редко вижу.
6. —Что ты тут покупаешь? —Одеяло, подушку.
7. —Кто сегодня дежурный? Почему не подметал пол?
   —Мы не только подметали, даже мыли.
8. —Кто видел мой мобильник? —Я видел. Он на столе.
9. —Что вы тут покупаете? —Томатный сок, молоко и хлеб.
10. —Где вы работаете?
    —Я работаю в педагогическом университете.
11. —Что вы делаете утром?
    —Утром я умываюсь, чищу зубы, делаю зарядку.
12. —Твоя мама уже на пенсии? —Да, она уже на пенсии.
13. —Когда начинается обеденный перерыв?
    —В 12 часов начинается обеденный перерыв.
14. —Что ты делаешь после ужина?
    —Сначала мою посуду, потом читаю газеты, смотрю телевизор.

ДИАЛОГИ

1. —Я пе́рвый раз в э́той столо́вой.
   —Я то́же. Что мы возьмём?
   —Я беру́ сала́т мясно́й.
   —Я то́же. А что возьмём на пе́рвое и второ́е?①
   —На пе́рвое я возьму́ суп, на второ́е — ры́бу.
   —На пе́рвое я то́же возьму́ суп, а на второ́е — ку́рицу.

2. —Почему́ ты здесь, а не на заня́тиях?
   —Я пло́хо себя́ чу́вствую. Голова́ боли́т.
   —В чём де́ло?②
   —Мы вчера́ до́лго гуля́ли на на́бережной, а пого́да была́ холо́дная.
   —Поня́тно. А лека́рство принима́л?
   —Да. Не беспоко́йтесь!③

3. —Ма́ша, где вы бы́ли сего́дня?④
   —Мы бы́ли на ры́нке.
   —И что вы там де́лали?
   —Мы покупа́ли проду́кты. Зна́ешь, кого́ мы ви́дели на ры́нке?
   —Кого́?
   —На́шего профе́ссора Ивано́ва. Он покупа́л фру́кты.

ТЕКСТ

Мой день

Я рабо́таю в педагоги́ческом университе́те. Преподаю́ ру́сский язы́к и литерату́ру.

Утром я встаю́ ра́но, умыва́юсь, чи́щу зу́бы, де́лаю у́треннюю заря́дку. В э́то вре́мя моя́ ма́ма гото́вит за́втрак. По́сле за́втрака я одева́юсь, ухожу́ на рабо́ту. Ма́ма то́же ухо́дит, то́лько она́ ухо́дит не на рабо́ту, а на ры́нок. Там она́ покупа́ет проду́кты. Моя́ ма́ма не рабо́тает, она́ уже́ на пе́нсии.

В 8 часо́в начина́ется мой рабо́чий день. В 12 начина́ется обе́денный переры́в. Я иду́ в столо́вую. По́сле обе́да возвраща́юсь на ка́федру. Там проверя́ю дома́шние зада́ния. В пять часо́в зака́нчивается рабо́чий день, и я е́ду домо́й.

В 6 часо́в я уже́ до́ма. Я переодева́юсь и у́жинаю. По́сле у́жина⑤ снача́ла мо́ю посу́ду, пото́м чита́ю газе́ты и́ли смотрю́ телеви́зор.

В 11 часо́в⑥ ложу́сь спать.

КОММЕНТАРИИ

① А что возьмём на пе́рвое и второ́е? 那我们第一道、第二道菜选什么？
② В чём де́ло? 怎么回事？ ③ Не беспоко́йтесь! 不用担心！
④ Ма́ша, где вы бы́ли сего́дня? 玛莎，你们今天去哪儿了？
⑤ по́сле за́втрака (обе́да, у́жина) 晚饭（午饭、早饭）后。
⑥ в во́семь (в двена́дцать, шесть, оди́ннадцать) часо́в 8 (12, 6, 11)点。

НОВЫЕ СЛОВА И СЛОВОСОЧЕТАНИЯ

расска́з, -ы 短篇小说
граждани́н, гра́ждане 公民
перево́дчик, -и 译员，翻译
де́душка, -и (阳) 祖父
дя́дя, -и 叔叔；舅舅
наро́д, -ы 人民；民族
молодёжь (阴，集) 青年
сувени́р 小礼物
рабо́чий, -ие 工人
дежу́рный, -ая, -ое, -ые 值日生；值班员
встреча́ть, -а́ю, -а́ешь (及物) 迎接；遇见
ка́ждый, -ая, -ое, -ые [代] 每，每个
учени́к, -и́ 学生
дире́ктор, -а́ 主任；(中学的) 校长
до́ктор, -а́ 医生，大夫；博士
профе́ссор, -а́ 教授
това́рищ, -и 同事，同学；同志
одея́ло, -а 被子
поду́шка, -и 枕头
подмета́ть, -та́ю, -та́ешь (及物) 打扫；扫
мыть, мо́ю, мо́ешь (及物) 刷洗
моби́льник, -и 手机
тома́тный, -ая, -ое, -ые 番茄的
чи́стить, чи́щу, чи́стишь (及物) 刷

зуб, зу́бы 牙齿
заря́дка, -и 体操
пе́нсия 退休在家；退休金
начина́ться, -а́ется, -а́ются (第一、二人称不用) 开始
обе́денный, -ая, -ое, -ые 午饭的
переры́в, -ы 休息，间断
по́сле [前] ……后
у́жин, -ы 晚饭
снача́ла [副] 先
посу́да 碗盘等器皿
пото́м [副] 然后
сала́т, -ы 沙拉，凉拌菜
мясно́й, -а́я, -о́е, -ы́е 肉的
пе́рвое [名] 第一道菜
второ́е [名] 第二道菜
ры́ба 鱼
ку́рица, ку́ры 鸡
себя́ [代] 自己
чу́вствовать, -твую, -твуешь (及物) 感觉
голова́, го́ловы 头，脑袋
боле́ть, -ли́т, -ля́т 疼，疼痛
на́бережная [名] 滨河、滨海的街道
пого́да 天气
холо́дный, -ая, -ое, -ые 寒冷的；凉的

поня́тно [副] 明白，清楚
лека́рство, -а 药
принима́ть, -ма́ю, -ма́ешь (及物) 服用
проду́кт, -ы 食品
преподава́ть, -даю́, -даёшь (及物) 教；讲授
у́тренний, -яя, -ее, -ие 早晨的
за́втрак, -и 早餐
уходи́ть, ухожу́, ухо́дишь 离开
день, дни 一日
обе́д, -ы 午餐
возвраща́ться, -ща́юсь, -ща́ешься 回来 (去)
ка́федра, -ы 教研室
проверя́ть, -ря́ю, -ря́ешь 检查
дома́шний, -яя, -ее, -ие 家里的
зада́ние, -ия 作业
зака́нчиваться, -вается, -ваются (第一、二人称不用) 结束
переодева́ться, -ва́юсь, -ва́ешься 换衣服，更衣
у́жинать, -наю, -наешь 吃晚饭
ложи́ться, ложу́сь, ложи́шься 躺下

ВНЕАУДИТОРНЫЕ УПРАЖНЕНИЯ И ЗАДАНИЯ
(课外练习与作业)

 1. 按需要将括号里的词变成第四格形式。

1) Я давно́ зна́ю (э́тот молодо́й челове́к). 2) Я иду́ встреча́ть (мой ста́рый друг).
3) Ребя́та внима́тельно слу́шают (свой преподава́тель).
4) Все мы уважа́ем (尊敬) (наш ста́рый перево́дчик).
5) Вы зна́ете, как зову́т (наш но́вый сосе́д)? 6) Я ча́сто вспомина́ю (свой де́душка).
7) Мы хорошо́ зна́ем (твой дя́дя). 8) Ты зна́ешь (мой оте́ц)?

 2.将右边的词变成第四格形式填空。

1) Там мы ча́сто ви́дим … . наш дире́ктор, э́тот граждани́н
тот иностра́нец, его́ това́рищ
его́ де́душка, э́тот мужчи́на
ваш оте́ц, ва́ша мать

2) Я иду́ на вокза́л встреча́ть … . наш дека́н, ваш де́душка
ва́ша ба́бушка, её дя́дя

3) Мы ждём … . наш гид, твой брат, твоя́ сестра́
тот учи́тель, Андре́й, Мари́я
Ви́ктор и Алексе́й

4) Как зову́т …? та де́вушка, тот ю́ноша
э́тот учёный, тот ма́льчик

 3. 对划线词提问, 并译成汉语。

1) Ю́ноша ча́сто вспомина́ет *своего́ пе́рвого учи́теля*.
2) Я ча́сто ви́жу *э́того молодо́го челове́ка* в кафе́. 3) Мы ждём *на́шего но́вого экскурсово́да*.
4) Он хорошо́ зна́ет *моего́ бра́та и мою́ сестру́*. 5) Са́ша ждёт *на́шего дека́на* уже́ час.
6) Наш дире́ктор зна́ет *ва́шего де́душку*.
7) Мой друг на вокза́ле встреча́ет *свою́ мать*. 8) Де́ти о́чень лю́бят *своего́ учи́теля*.
9) Они́ ждут *твоего́ бра́та*.
10) Они́ спра́шивают *моего́ отца́*, когда́ они́ не понима́ют по-ру́сски.

 4. 将括号里的人称代词变成第四格形式。

1) —Вы лю́бите Пеки́н? —Да, я (он) о́чень люблю́.
2) —Дире́ктор хорошо́ зна́ет (вы)? —Да, он хорошо́ зна́ет (мы).
3) —Ты ча́сто ви́дишь Ни́ну? —Я ви́жу (она́) почти́ ка́ждый день.
4) —Вы (я) понима́ете? —Да, я (вы) хорошо́ понима́ю.
5) —Как зову́т его́ сестру́? —(Она́) зову́т Ната́ша.

5. 将括号里的词译成俄语, 并指出人称代词和物主代词。

1) Я пло́хо зна́ю (他的父亲).
2) Я пло́хо зна́ю (他).
3) Мы ча́сто вспомина́ем (他们).
4) (他们家) живёт в Пеки́не.
5) Здесь почти́ все зна́ют (我弟弟).
6) Здесь все зна́ют (我).
7) —Как зову́т (你父亲)?
   —(他) зову́т Алексе́й.
8) —Как зову́т (你奶奶)?
   —(她) зову́т А́нна.
9) Он хорошо́ зна́ет (我的同学).
10) Кто на вокза́ле встреча́ет (你爷爷)?

6. 用人称代词回答问题。

1) Вы хорошо́ понима́ете на́шего преподава́теля?
2) Ты ча́сто ви́дишь на́шего дека́на?
3) Меня́ ждёт Ве́ра?
4) Вы зна́ете их отца́?
5) Вы лю́бите свой го́род?
6) Вы лю́бите изуча́ть ру́сский язы́к?
7) Кто сего́дня дежу́рный (值日生)? Почему́ не подмета́л пол?
8) Ты чита́ла рома́н «Как закаля́лась сталь»?
9) Кто ви́дел мои́ очки́?
10) Кто смотре́л э́тот фильм?

7. 将下列对话译成汉语。

1) —Скажи́те, пожа́луйста, огурцы́ есть?
   —К сожале́нию, нет.
   —А помидо́ры?
   —Есть, о́чень хоро́шие. Берёте?
   —Да. Килогра́мм.
   —Что ещё хоти́те?
   —Капу́сту и лук.

2) —Ни́на, ты не зна́ешь, како́й фильм идёт в кинотеа́тре?
   —Зна́ю. Кита́йский.
   —А ты лю́бишь кита́йские фи́льмы?
   —О́чень. Я всегда́ их смотрю́ с удово́льствием.
   —Тогда́ сего́дня приглаша́ю тебя́ в кино́. (今天请你看电影).

8. 将下列俄罗斯人的姓变成第四格形式。

Пу́шкин, Ле́рмонтов, Го́голь, Толсто́й, Достое́вский, Че́хов
Турге́нев, Булга́ков, Шо́лохов, Остро́вский, Некра́сов
Черныше́вский, Гончаро́в, Держа́вин, Распу́тин, Солжени́цын
Серо́в, Ши́шкин, Ре́пин, Левита́н, Айвазо́вский, Ломоно́сов
Ахма́това, Цвета́ева, Толста́я, То́карева, Каре́нина, Петро́ва

9. 将下列句子译成俄语。

1) 你们星期一晚上去哪儿了？
2) 谁经常星期二晚间在俱乐部跳舞？
3) 我们星期三白天去听音乐会了。
4) 我们星期四去游泳池游泳。
5) 星期五我们全班去电影院看电影了。
6) 星期六我们洗衣服, 去商店, 听音乐。
7) 星期日我喜欢坐在咖啡馆里喝咖啡, 听音乐。
8) 我弟弟喜欢吃鸡肉, 而我喜欢吃鱼和西红柿。
9) 我们在等娜塔莎。她在买报纸和冰激凌 (моро́женое)。
10) 我第一道菜总是点红菜汤。它非常好吃。

10. 将下列词组译成俄语。

教汉语	教俄语	教英语	退休	午休
吃食堂	等同学	等汽车	批改作业	在教研室
工作日	食品店	扫地	擦地	擦窗户
擦桌子	洗杯子	洗衣服	看杂志	

 11. 背诵课文。

 12. 如果不困难，就请记住下列表人体部位和器官的单词。

желу́док 胃	лёгкие (复)肺	по́чка 肾	пе́чень 肝
се́рдце 心脏	го́рло 喉咙	у́ши (复)耳朵	грудь 胸
спина́ 背；脊背	живо́т 肚子	плечо́ 肩，肩膀	ше́я 脖子

交际用语

Алло́! 喂！
Слу́шаю вас! 请讲！
Я слу́шаю. 请讲，我就是。

УРОК 7 (СЕДЬМОЙ)

ГРАММАТИКА
- I. 未完成体动词将来时
- II. 动词быть的现在时、过去时和将来时
- III. 状语

ТЕКСТ *Хо́бби*

ГРАММАТИКА

I. 未完成体动词将来时

动词将来时表示说话以后将要发生的动作或状态，例如：

1) Ве́чером мы бу́дем смотре́ть фильм.
   晚上我们将看电影。
2) На конце́рте бу́дут выступа́ть изве́стные арти́сты.
   音乐会上将有著名演员们的演出。

未完成体动词将来时形式由быть的将来时人称形式加上动词不定式构成，例如：动词чита́ть 的将来时形式是：

Я	бу́ду
Ты	бу́дешь
Он (Она́)	бу́дет
Мы	бу́дем
Вы	бу́дете
Они́	бу́дут

чита́ть.

II. 动词быть的现在时、过去时和将来时

1. быть的现在时

быть的现在时形式是есть。есть没有人称、性和数的区别。есть表示"在"时，一般省略不用，例如：

—Сейча́с ва́ша ма́ма в Шанха́е? / 您母亲现在在上海吗？
—Да, она́ там. / 是的，她在那儿。

есть表示"有"时，通常不省略。用人称代词表示事物的拥有者时，用下列形式表示：у меня́ есть (我有), у нас есть (我们有), у тебя́ есть (你有), у вас есть (你们、您有), у него́ есть (他有), у неё есть (她有), у них есть (他们有)。提问时用У кого́ есть ... ? 或 Есть ли у ... ? 例如：

—У кого́ есть ли́шний биле́т? / 谁有多余的票？
—У Ната́ши, наве́рное, есть. / 娜塔莎可能有。
—Есть ли у вас свобо́дное вре́мя? / 你们有空吗？
—Да, есть. / 是的，有。

2. быть的过去时

быть的过去时形式为был, была́, бы́ло, бы́ли（否定形式为не́ был, не была́, не́ было, не́ были）。
быть的过去时形式通常不能省略，试比较：

1) { Сейча́с Ви́ктор в теа́тре. / 现在维克多在剧院。
   Вчера́ Ви́ктор был в теа́тре. / 昨天维克多去了剧院。

2) { Сейча́с у нас пикни́к. / 现在我们在野餐。
   Вчера́ у нас был пикни́к. / 昨天我们野餐过。

3) { Сего́дня суббо́та. / 今天是星期六。
   Вчера́ была́ суббо́та. / 昨天是星期六。

3. 动词быть的将来时人称形式

быть的人称形式为：я бу́ду, ты бу́дешь, он бу́дет, мы бу́дем, вы бу́дете, они́ бу́дут。动词быть的将来时人称形式可单独使用，表示"将有、将在、将是"等意义。例如：

1) Здесь бу́дет высо́тная гости́ница. / 这里将建一家高层宾馆。
2) По́сле обе́да у нас бу́дет экску́рсия в музе́й. / 午饭后我们将去参观博物馆。
3) Ве́чером я бу́ду в но́мере. / 晚上我(将)在房间。
4) За́втра бу́дет суббо́та. / 明天(将)是星期六。

III. 状语

状语是句子的次要成分，它说明行为进行的时间、地点、方式等。状语根据所表示的意义可分为：

1. 时间状语

时间状语表示行为进行的时间，可回答когда́ 等问题，例如：

1) —**Когда́** вы де́лаете убо́рку? / 你们什么时候打扫房间？
   —Мы де́лаем убо́рку **у́тром**. / 我们早晨打扫房间。
2) —**Когда́** вы бы́ли на экску́рсии? / 你们什么时候去参观的？
   —Мы бы́ли на экску́рсии **в суббо́ту**. / 我们星期六去参观的。

2. 地点状语

地点状语表示行为发生的地点或运动的方向，可回答где, куда等问题，例如：

1) —Где остана́вливаются иностра́нные го́сти? / 外国客人们常住在哪里？
   —В гости́нице «Дру́жба». / 在友谊宾馆。
2) —Куда́ вы идёте? / —您上哪儿去？
   —Я иду́ в кафе́. / —我去咖啡馆。

3. 行为方式状语

行为方式状语说明行为进行的方式或进行得怎样，可回答как等问题，例如：

—Как вы отдыха́ли? / 您休息得怎样？
—Я отдыха́л хорошо́ (пло́хо). / 我休息得挺好(不好)。

РЕЧЕВЫЕ ОБРАЗЦЫ

1. —Что вы бу́дете де́лать в воскресе́нье?
   —Я бу́ду стира́ть бельё / бу́ду игра́ть в баскетбо́л .

   (де́лать убо́рку, чита́ть журна́лы, игра́ть в футбо́л)

2. —Где бу́дет учи́ться / рабо́тать ваш брат?
   —Он бу́дет учи́ться в педагоги́ческом университе́те / рабо́тать на заво́де

   (пла́вать, игра́ть в футбо́л; в бассе́йне, на стадио́не)

3. —Кто за́втра бу́дет убира́ть аудито́рию?
   —За́втра я бу́ду / ты бу́дешь / он (она́) бу́дет / мы бу́дем / вы бу́дете / они́ бу́дут убира́ть аудито́рию.

   (Серге́й, Ве́ра и Ма́ша)

4. Где мы бу́дем за́втра?
   За́втра мы бу́дем в зоопа́рке / на конце́рте .

   (в кино́, на вы́ставке, на ве́чере)

5. —У кого́ есть слова́рь ?
   —У меня́ / него́ / них есть слова́рь .

   (мы; компью́тер, моби́льник)

基础课 УРОК 7

6. —Скажи́те, пожа́луйста, где есть тако́й чай?
   —В на́шем суперма́ркете есть тако́й чай.
   (универма́ге / буфе́те)
   (кио́ск, магази́н; сыр, сигаре́ты)

7. —Что бы́ло у вас в суббо́ту?
   —В суббо́ту у нас была́ экску́рсия / бы́ли та́нцы.
   (спекта́кль, ве́чер, соревнова́ние)

8. —Вчера́ вы бы́ли на ры́нке?
   —Да, вчера́ я был / была́ / мы бы́ли на ры́нке.
   —Нет, вчера́ я не́ был / не была́ / мы не́ были на ры́нке.
   (заня́тия, ле́кция, докла́д, телеба́шня)

 ВОПРО́СЫ И ОТВЕ́ТЫ

1. —Где вы обы́чно остана́вливаетесь в Харби́не?
   —Я остана́вливаюсь в гости́нице «Дру́жба».
2. —Что мы бу́дем де́лать по́сле обе́да? —По́сле обе́да мы бу́дем де́лать убо́рку.
3. —Ю́ра, что ты бу́дешь де́лать в воскресе́нье?
   —Что я ещё могу́ де́лать?! Бу́ду занима́ться. Экза́мены на носу́.[1]
4. —Ребя́та, у кого́ есть ли́шний биле́т? —У меня́ есть. Хо́чешь?
5. —Что у нас бу́дет на обе́д? —Ку́рица, ры́ба и о́вощи.
6. —Кто сего́дня бу́дет выступа́ть на конце́рте?
   —Студе́нты на́шего и математи́ческого факульте́та.
7. —Когда́ бы́ли Олимпи́йские и́гры в Пеки́не?
   —В а́вгусте 2008 го́да.[2]
8. —Кака́я пого́да бу́дет за́втра? —За́втра бу́дет небольшо́й снег.
9. —Кака́я вчера́ была́ пого́да? —Вчера́ была́ плоха́я пого́да, шёл дождь.
10. —Ты сего́дня был на заня́тиях? —Нет, не́ был.
11. —Како́е у тебя́ увлече́ние? —Я собира́ю ма́рки.
12. —Что ты де́лаешь в выходно́й день? —Я хожу́ в теа́тр на спекта́кль.
13. —Где вы уже́ побыва́ли?
    —Я уже́ побыва́л на Байка́ле, в Сиби́ри, на Ура́ле и на Во́лге.[3]

14. —Вы лю́бите путеше́ствовать? —Да, э́то моё хо́бби.
15. —Когда́ ухо́дит по́езд «Москва́ — Санкт-Петербу́рг»? —В 12 часо́в.

ДИАЛОГИ

1. —Како́й вид спо́рта твой люби́мый?
—Я люблю́ пла́вать. Ка́ждое воскресе́нье я хожу́ в бассе́йн.
—А други́е ви́ды спо́рта не лю́бишь?
—Ещё люблю́ футбо́л и волейбо́л. А ты?
—А я ка́ждый день бе́гаю на стадио́не в на́шем университе́те.

2. —О́льга Петро́вна, вы ра́ньше слу́шали пеки́нскую о́перу?
—Слу́шала.
—Ну и как? ④
—Интере́сно, но пло́хо понима́ю.
—Ничего́, сего́дня я бу́ду переводи́ть.

3. —Кака́я встре́ча! Что ты тут покупа́ешь?
—Мы́ло, зубну́ю па́сту и полоте́нце. А ты?
—Крем, шампу́нь. Ты уже́ всё купи́л?
—Всё. Ты то́лько извини́,⑤ меня́ ждут.
—Ла́дно, до свида́ния!
—До свида́ния.

4. —Ван Лин, ты слу́шала прогно́з пого́ды?
—Да, слу́шала.
—Кака́я пого́да бу́дет за́втра?
—За́втра бу́дет тепло́, но бу́дет небольшо́й дождь.
—Зна́чит, на́до взять зо́нтик.
—Обяза́тельно.

5. —Сего́дня мы бу́дем обе́дать в э́том рестора́не.
—Отли́чно. Что мы бу́дем зака́зывать?
—Я хочу́ суп, жа́реную ры́бу, тушёное мя́со, о́вощи, рис. А вы лю́бите кита́йскую ку́хню?
—Люблю́, но я не люблю́ сли́шком о́строе.
—А как э́ти блю́да?
—Э́то мои́ люби́мые блю́да.

ТЕКСТ

Хо́бби

У ка́ждого челове́ка есть своё увлече́ние и́ли хо́бби. Мой друг Са́ша, наприме́р, собира́ет ма́рки. Его́ сестра́ Ли́да о́чень лю́бит совреме́нную му́зыку. А моё хо́бби — теа́тр. В выходно́й день я обяза́тельно хожу́ в теа́тр на спекта́кль. Мои́ одноку́рсники то́же обожа́ют теа́тр. Мы ча́сто вме́сте хо́дим на спекта́кль.

Алёша и Таня любят путешествовать. Они побывали во многих местах — на Байкале, в Сибири, на Урале и на Волге. Каждый месяц они обязательно ездят в какой-нибудь город. В пятницу вечером они садятся в поезд, например, «Москва — Санкт-Петербург», а в воскресенье вечером — в поезд «Санкт-Петербург — Москва». Они много путешествуют, и везде у них друзья.

А Маша и Оля любят спорт. Поэтому у них очень красивая фигура и крепкое здоровье.

КОММЕНТАРИИ

① Экзамены на носу. 考试在即。
② В августе 2008 года. (В августе две тысячи восьмого года.) 在2008年8月
③ Байкал, Сибирь, Урал, Волга 贝加尔湖、西伯利亚、乌拉尔、伏尔加河
④ Ну и как? 怎么样?   ⑤ Извини. 请原谅!

НОВЫЕ СЛОВА И СЛОВОСОЧЕТАНИЯ

известный, -ая, -ое, -ые 著名的
лишний, -яя, -ее, -ие 多余的
наверное [插] 大概；可能
пикник, -и 野餐
уборка, -и 收拾；打扫
гость, -и [阳] 客人
стирать, -раю, -раешь (及物) 洗
журнал, -ы 杂志
убирать, -раю, -раешь (及物) 打扫；收拾
зоопарк, -и 动物园
вечер, -а 晚上；晚会
универмаг, -и 百货商店
сыр 奶酪
сигарета, -ы 香烟
танец, танцы 舞会
спектакль, -и [阳] 戏剧
соревнование, -ия 比赛
лекция, -ии 课
  читать лекцию (-ии) 讲课
выступать, -паю, -паешь 演出；发言

олимпийский 奥林匹克的
игра, игры 游戏；(娱乐或体育)运动
  Олимпийские игры 奥林匹克运动会
увлечение, -ия 爱好；喜好
собирать, -раю, -раешь (及物) 收集；收拾
марка, -и 邮票
выходной, -ая, -ое, -ые 休息的
хобби [中；不变] 爱好
поезд, -а 火车
вид, виды 种类
спорт 运动
  вид спорта 运动项目
любимый, -ая, -ое, -ые 可爱的；喜爱的
интересно [副] 有趣地
ничего [副] 还好；没什么
переводить, -вожу, -водишь (及物) 翻译
встреча, -и 相遇；见面；碰上

мыло 香皂；洗衣皂
зубной, -ая, -ое, -ые 牙齿的
паста, -ы 膏；酱
  зубная ~ 牙膏
полотенце, -а 毛巾
крем, -ы 膏；油
шампунь, -и [阳] 洗发香波
купить, куплю, купишь (及物) (完) 买(到)
ладно [副] 好吧
свидание, -ия 见面；会面
прогноз, -ы 预报
  прогноз погоды 天气预报
тепло [副] 暖和
надо [副] 需要
взять, возьму, возьмёшь (及物) (完) 拿；买；订
зонтик, -и 雨伞
обязательно [副] 一定
отлично [副] 非常好
жареный, -ая, -ое, -ые 煎的；炸的

тушёный, -ая, -ое, -ые 焖的，炖的
рис 大米饭；大米；水稻
ку́хня, -и 厨房；菜系
о́стрый, -ая, -ое, -ые 辣的
одноку́рсник, -ки 同年级同学

обожа́ть, -жа́ю, -жа́ешь (及物) 喜爱；热爱
како́й-нибудь [代]某个；随便一个
сади́ться, сажу́сь, сади́шься 坐下
мно́го [副]多；很多

поэ́тому [副]因此
фигу́ра, -ы 体型，体态

ВНЕАУДИТОРНЫЕ УПРАЖНЕНИЯ И ЗАДАНИЯ
(课外练习与作业)

 1. 将括号里的动词变为将来时形式。

1) За́втра у́тром мы (осма́тривать) го́род.　　2) В воскресе́нье мы не (рабо́тать).
3) Сего́дня ве́чером я (смотре́ть) кинофи́льм.
4) По́сле обе́да Ива́н (расска́зывать) о свое́й рабо́те в Аме́рике.
5) Ве́чером гид (провожа́ть) э́тих тури́стов в Москву́.
6) Сего́дня по́сле обе́да у нас (быть) перегово́ры.　7) Сего́дня по́сле у́жина она́ (гуля́ть) в саду́.
8) Ребя́та (игра́ть) в ша́хматы.
9) Сего́дня э́ти арти́сты (выступа́ть) на ве́чере.
10) Ско́ро мой брат (рабо́тать) в э́той фи́рме.

 2. 将句中划线的动词变成将来时形式。

1) Ма́ша и Са́ша <u>загора́ют</u> на пля́же.　　2) Мой брат <u>у́чится</u> в институ́те.
3) Я <u>жду</u> дру́га.　　4) Мы <u>слу́шаем</u> конце́рт.
5) Ребя́та <u>обе́дают</u> в рестора́не.　　6) Де́ти <u>встреча́ют</u> иностра́нных друзе́й.
7) Его́ сестра́ <u>рабо́тает</u> на заво́де.　　8) Ле́том я <u>купа́юсь</u> в реке́.
9) В э́том магази́не <u>продаю́т</u> краси́вую оде́жду и о́бувь.
10) На у́жин мы <u>еди́м</u> жа́реную ры́бу в ки́сло-сла́дком со́усе, тушёное мя́со, со́евый творо́г.

 3. 按示例续对话。

示例：— Обы́чно я мно́го рабо́таю.
　　　— А за́втра вы то́же бу́дете мно́го рабо́тать?
　　　— Да. (Нет.)

1) Обы́чно ле́том я отдыха́ю в примо́рском санато́рии.
2) Мой оте́ц сего́дня не рабо́тает.
3) Обы́чно по́сле у́жина мы гуля́ем.
4) Обы́чно ве́чером ба́бушка смо́трит телеви́зор.
5) Ве́чером мы обы́чно игра́ем в ша́хматы.

基础课　УРОК 7

4. 用右边动词的三个时间形式填空。

1) Вчера́ ве́чером / Сейча́с / За́втра Ни́на … письмо́. писа́ть

2) За́втра / Сейча́с / Вчера́ они́ … в гольф. игра́ть

3) Сейча́с / За́втра / Вчера́ тури́сты … поку́пки. де́лать

4) Вчера́ у́тром / Сейча́с / За́втра у́тром э́ти тури́сты … вы́ставку. посеща́ть

5) В про́шлую сре́ду / За́втра / Сейча́с я … фильм. смотре́ть

6) Вчера́ / За́втра / Сейча́с ребя́та … иностра́нных друзе́й. встреча́ть

5. 用быть的适当形式填空。

1) — Како́й день _____ за́втра?
— За́втра _____ четве́рг.
2) — Вы _____ в Шанха́е?
— Да, _____.
3) — Вчера́ _____ вто́рник?
— Нет, вчера́ _____ среда́.
4) — Где вы _____ за́втра?
— За́втра мы _____ на вы́ставке.
5) — Кака́я экску́рсия у вас _____ вчера́?
— Вчера́ у нас _____ экску́рсия в парк Бэйха́й.
6) — Что _____ в теа́тре сего́дня ве́чером?
— Ве́чером в теа́тре _____ пеки́нская о́пера.
7) — Како́й день _____ вчера́?
— Вчера́ _____ воскресе́нье.
8) — За́втра вы _____ на конце́рте?
— Нет, я не _____ : у меня́ _____ го́сти.

 6. 回答下列问题。

1) У вас бу́дет свобо́дное вре́мя ве́чером?
Бу́дут ли у них заня́тия в пя́тницу?
Когда́ у вас бу́дет экску́рсия?
Когда́ в теа́тре бу́дет бале́т?

2) Где вы бу́дете сего́дня ве́чером?
Что бу́дут де́лать ребя́та в воскресе́нье?
Кто бу́дет на вы́ставке сего́дня по́сле обе́да?
Когда́ вы бу́дете на рабо́те?

3) Кака́я пого́да сего́дня?
Кака́я пого́да была́ вчера́?
Кака́я пого́да бу́дет за́втра?
Кака́я пого́да бу́дет послеза́втра?

4) Како́й день сего́дня?
Како́й день был вчера́?
Како́й день был позавчера́?
Како́й день бу́дет за́втра?

5) Когда́ у вас бу́дет экску́рсия по Пеки́ну?
Кто бу́дет на ве́чере сего́дня по́сле у́жина?
Что бу́дет по телеви́зору сего́дня ве́чером?
Когда́ у вас бу́дут та́нцы?

7. 将下列对话译成俄语。

1) —你有汉语词典吗?
—我没有。
—谁有?
—他好像有。

2) —今晚你去看芭蕾舞吗?
—不去,我已经看过了。

3) —明天是星期二还是星期三?
—星期二。

4) —你明天去看电影吗?
—不去,我明天有课。

5) —你知道,明天天气怎样吗?
—广播说:明天会很凉(爽),可能有大雨。

6) —谁昨天听音乐会了?
—我们都听了。

7) —你昨天去哪里了?
—我去看足球赛了。

8. 朗读下列对话,将动词现在时形式改成过去时形式。

1) —Где ты обы́чно обе́даешь?
—Я обы́чно обе́даю до́ма. А ты?
—Я обе́даю в столо́вой.

2) —Что там де́лает Мари́я?
—Поёт и танцу́ет.
—А Макси́м?
—Он там фотографи́руется.

3) —Что вы обы́чно де́лаете ве́чером?
—Отдыха́ем и разгова́риваем в своём но́мере. А вы?
—Мы занима́емся в аудито́рии и́ли гуля́ем.

9. 用быть的过去时形式填空,并把句子译成汉语。

1) —Где ... э́та де́вушка вчера́ ве́чером?
—Она́ ... на конце́рте.
—Ещё кто ... на конце́рте?
—На нём ... все её друзья́.

2) — ... ли вы ра́ньше в Пеки́не?
— ... . Там живёт мой дя́дя.

3) — Вчера́ была́ экску́рсия на ба́шню Сяоя́ньта́?
— ... . Ра́зве ты не ... на экску́рсии?
— Не ... . Я пло́хо себя́ чу́вствовал.

4) — Вчера́ вы ... на собра́нии?
— Коне́чно, ... Я вас там не ви́дел, а где вы ...?
— Я ... в общежи́тии, я пло́хо себя́ чу́вствовала.

10. 用下列句式提问并回答。

1) У | тебя / вас / нас / них | есть...?   2) Есть ли у | нас / него / неё / них | ... ?

11. 按示例用括号内的词提问并回答。

示例：—Сегóдня понедéльник, вчерá бы́ло воскресéнье.
　　　　А какóй день был позавчерá?
　　　—Позавчерá былá суббóта.

(втóрник — понедéльник, средá — втóрник, четвéрг — средá, пя́тница — четвéрг, суббóта — пя́тница, воскресéнье — суббóта)

12. 用下列单词编三或四组对话。

рисовáть　　готóвить　　петь　　танцевáть　　загорáть
купáться　　плáвать　　ловúть ры́бу　　слýшать мýзыку　　ходúть на лы́жах

13. 背诵课文。

14. 如果不困难，就请记住下列作品的名称。

«Евгéний Онéгин»《叶甫盖尼·奥涅金》　　　«Мёртвые дýши»《死魂灵》
«Вишнёвый сад»《樱桃园》　　　　　　　　«Войнá и мир»《战争与和平》
«Воскресéние»《复活》　　　　　　　　　　«Áнна Карéнина»《安娜·卡列尼娜》

交际用语

Мóжно войтú? 可以进来吗？
Входúте, пожáлуйста! 请进！

УРОК 8 (ВОСЬМОЙ)

ГРАММАТИКА

☞ Ⅰ. 名词复数第四格
☞ Ⅱ. 形容词、代词复数第四格
☞ Ⅲ. 与第四格连用的前置词

ТЕКСТ Город Харби́н

ГРАММАТИКА

I. 名词复数第四格

非动物名词的复数第四格形式一律同复数第一格形式，例如：чита́ть рома́ны, покупа́ть пода́рки, выбира́ть фру́кты.

动物名词的复数第四格形式如下：

数 格 性	单数 第一格	复数 第一格	复数 第四格	说明
阳性	официа́нт тури́ст	официа́нты тури́сты	официа́нтов тури́стов	以硬辅音结尾（除ж, ш）时，加-ов。
	геро́й	геро́и	геро́ев	-й变-ев。
	води́тель	води́тели	води́телей	-ь变-ей。
阴性	учени́ца	учени́цы	учени́ц	词尾为-а时，秃尾。
	китая́нка сестра́ де́вушка	китая́нки сёстры де́вушки	китая́нок сестёр де́вушек	去掉-а后，结尾有两个辅音相连时，常在两个辅音间加о或е(ё)。

听录音请扫二维码

注意：

① 以辅音ц结尾的阳性动物名词，复数第一格词尾带重音时，复数第四格词尾为-óв，复数第一格词尾不带重音时，为 -ев，例如：

单数第一格	复数第一格	复数第四格	词 尾
певе́ц продаве́ц	певцы́ продавцы́	певцо́в продавцо́в	-о́в
кита́ец иностра́нец	кита́йцы иностра́нцы	кита́йцев иностра́нцев	-ев

② 下列名词的复数第四格形式为：

单数第一格	复数第一格	复数第四格
това́рищ врач друг брат граждани́н солда́т мать дочь сын	това́рищи врачи́ друзья́ бра́тья гра́ждане солда́ты ма́тери до́чери сыновья́	това́рищей врачей друзей бра́тьев граждан солда́т матере́й дочере́й сынове́й

II. 形容词、代词复数第四格

说明非动物名词的形容词、代词复数第四格形式同第一格，例如：
покупа́ть све́жие о́вощи, стро́ить высо́кие дома́。
说明动物名词的形容词、代词复数第四格形式如下：

形容词

复数第一格	复数第四格	词 尾
но́вые молоды́е иностра́нные	но́вых молоды́х иностра́нных	-ых
хоро́шие вели́кие	хоро́ших вели́ких	-их

代词

复数第一格	复数第四格	词 尾
чьи	чьих	
каки́е	каки́х	
мои́ твои́ на́ши ва́ши свои́	мои́х твои́х на́ших ва́ших свои́х	-их
э́ти	э́тих	
те все	тех всех	-ех

Ⅲ. 与第四格连用的前置词

前置词 в, на 与第四格连用除表示方向外,还具有其他的意义:

в: 表示某些动词要求的客体,例如:

 Дéти игрáют в шáхматы. / 孩子们在下象棋。

 Мы вéрим в свои́ си́лы. / 我们相信自己的力量。

на: 看;望;瞧

 Шофёр смо́трит на светофо́р. / 司机在看信号灯。

 Тури́сты смо́трят на мо́ре. / 游客们在看大海。

除上述两个前置词外,还有一些前置词也与第四格连用:

за: 1) 向(往、到)……那一边(外面、后面)

 Сáша уéхал за грани́цу. / 萨沙到国外去了。

 Мы хоти́м поéхать зá реку. / 我们想到河对岸去。

 2) 由于;因为(表示致谢、奖惩、爱憎等理由)

 Спаси́бо за вáшу пóмощь. / 感谢您(你们)的帮助。

 Лю́ди лю́бят егó за доброту́. / 人们因他的善良而喜欢他。

 3) 指出引起某种感情或心理状态的对象

 Дочь беспокóится за мать. / 女儿为母亲担心。

 Отéц рáдуется за сы́на. / 父亲为儿子感到高兴。

 4) 为了;赞成

 Я предлагáю тост за вáше здорóвье! / 我提议为您(你们)的健康干杯!

 Он вы́ступил за э́то решéние. / 他发言赞成这项决定。

 5) 用、花(若干钱);按……价

 Я купи́л э́тот сувени́р за оди́н юáнь. / 我花一元钱买了这个纪念品。

 6) 替代;顶替

 Сегóдня я рабóтаю за Мáшу. / 今天我代替玛莎工作。

 Покá вы нахóдитесь в Шанхáе, я отвечáю за вас.
 你们在上海期间,我要对你们负责任。

 7) 某些表示"开始、着手"等意义的动词要求的客体

 Нóвые перевóдчики ужé взяли́сь за рабóту. / 新来的翻译们已经开始工作了。

 Они́ ужé приняли́сь за э́то дéло? / 他们已经着手做这件事了吗?

под: 1) 置于……之下

 Он положи́л моби́льник под поду́шку. / 他把手机放在枕头下面了。

 Мы попáли под дождь. / 我们被雨淋了。

 2) 在……声音下,在……伴奏下

 Дéти танцу́ют под му́зыку. 孩子们在音乐伴奏下翩翩起舞。

про: 关于……(表言语、思想等动词的客体)

 Брат расскáзывает про свои́х друзéй. / 哥哥在谈论自己的朋友们。

 Про Сáшу я давнó слы́шал. / 我早就听说过萨沙。

чéрез: 1) (横着或从上面)跨过,越过

 Здесь мы ви́дим мост чéрез рéку. / 在这里我们看到了跨江大桥。

 Стари́к перехóдит чéрез у́лицу. / 老人正在过马路。

2) 经过(若干时间、空间)以后
Че́рез час я бу́ду до́ма. / 一小时后我到家。
Я выхожу́ че́рез остано́вку. / 我下一站下车。

РЕЧЕВЫЕ ОБРАЗЦЫ

1. —Кого́ вы ви́дели на конце́рте?
   —Там я ви́дел но́вых студе́нтов / изве́стных певцо́в .
   (на́ши преподава́тели, знамени́тые арти́сты)

2. —Кого́ вы встреча́ли на вокза́ле?
   —На вокза́ле мы встреча́ли госте́й / това́рищей / друзе́й .
   (журнали́сты, врачи́, писа́тели, де́ти)

3. —Зна́ете ли вы э́тих певи́ц / мужчи́н / же́нщин / арти́сток / де́вушек ?
   (э́ти перево́дчицы, те рабо́тницы, те медсёстры)

4. Алексе́й пло́хо зна́ет твои́х / её / их роди́телей.
   (на́ши учителя́, ва́ши бра́тья, ва́ши сыновья́)

5. Мы хорошо́ зна́ем э́тих молоды́х / ста́рых учёных.
   (наро́дные арти́сты, ру́сские го́сти)

6. Ребя́та, бу́дем у́жинать / рабо́тать .
   (отдыха́ть, обе́дать, за́втракать)

ВОПРОСЫ И ОТВЕТЫ

1. —Кого ты провожал вчера в аэропорту? —Я провожал иностранных гостей.
2. —Кого вы видели в парке в воскресенье? —Наших новых студентов.
3. —Кого вы навещали, когда были в Харбине? —Моих старых друзей.
4. —Кого вы ждали у входа в музей? —Я ждал наших гостей.
5. —Каких людей вы уважаете? —Я уважаю честных людей.
6. —Каких людей ты терпеть не можешь? —Я не могу терпеть ленивых и жадных.
7. —Кого вы будете приглашать на вечер? —Наших преподавателей и аспирантов.
8. —Пойдём на улицу Гоголя! —С удовольствием! Но только не сейчас.
9. —Ну как, голова ещё болит? —Уже нет. Спасибо за заботу.
10. —Куда ты кладёшь мобильник? —Под подушку.
11. —Харбин большой город?
    —Да. Это административный центр провинции Хэйлунцзян[①].
12. —Лето в Харбине прохладное?
    —Да, здесь туристы могут хорошо провести отпуск.
13. —Солнечный остров красивый?
    —Да, там замечательный пляж, свежий воздух, чистая вода.
14. —Что проводится в Харбине летом и зимой?
    —Летом проводится знаменитая Харбинская ярмарка, а зимой Фестиваль льда и снега[②].
15. —Кто приезжает на Харбинскую ярмарку и фестиваль?
    —Китайские и зарубежные коммерсанты и туристы.

ДИАЛОГИ

1. —Вы вчера были в аэропорту?
   —Да, был. Там я встречал гостей.
   —А кто они такие?
   —Это известные учёные.
   —И зачем они приехали сюда?
   —На международную научную конференцию.
2. —Вы видите там молодых людей? Кто они такие?
   —Извините, я плохо вижу. Вы о ком спрашиваете?
   —Вон те. Они, кажется, не китайцы.

—Это японцы. Они приехали на конференцию.
—А где они остановились?
—В гостинице «Дружба».

3. —Таня, что ты тут делаешь?
—Хочу записаться на курсы.
—На какие курсы?
—На курсы английского языка.
—Ты же можешь записаться через Интернет!
—Почему я об этом не подумала?!

4. —Ван Линь, вы харбинец?
—Да, я в Харбине родился и вырос.
—А какое время года в Харбине самое приятное?
—Лето, конечно.
—Почему?
—Лето здесь прохладное. На берегу реки замечательный пляж, люди здесь загорают, плавают, отдыхают.

ТЕКСТ

Город Харбин

Харбин — это административный центр провинции Хэйлунцзян, промышленный город и важный транспортный узел.

В Харбине прохладное и приятное лето. Здесь туристы могут хорошо провести отпуск. Известный Солнечный остров③ находится на берегу реки Сунхуацзян④. Тут замечательный пляж, свежий воздух, чистая вода. Люди здесь загорают, плавают, отдыхают.

Каждый год летом в Харбине проводится Харбинская торгово-экономическая ярмарка⑤, а зимой — Фестиваль льда и снега. На ярмарку и фестиваль приезжают китайские и зарубежные коммерсанты и туристы.

В Харбине есть ещё другие замечательные места: знаменитая пешеходная улица, Софийский собор⑥ и красивая набережная.

Харбинцы очень любят свой город.

КОММЕНТАРИИ

① административный центр провинции Хэйлунцзян 黑龙江省的行政中心(省会)
② Фестиваль льда и снега 冰雪节
③ Солнечный остров 太阳岛
④ река Сунхуацзян 松花江(русски также называется река Сунгари)
⑤ Харбинская торгово-экономическая ярмарка 哈尔滨经济贸易洽谈会
⑥ Софийский собор 索菲亚教堂

НОВЫЕ СЛОВА И СЛОВОСОЧЕТАНИЯ

рома́н, -ы 长篇小说
пода́рок, -рки 礼物
официа́нт, -ы （餐厅）服务员
тури́ст, -ы 游客
води́тель, -и [阳]司机
учени́ца, -ы 女学生
китая́нка, -и 中国人（女性）
певе́ц, -вцы́ 男歌手
продаве́ц, -вцы́ （男）售货员
солда́т, -ы 士兵；战士
вели́кий, -ая, -ое, -ие 伟大的
ша́хматы [复] 象棋
ве́рить, -рю, -ришь 相信
светофо́р, -ы 信号灯
за [前]（接四格）由于……原因；……旁边；超出……外
под [前]（接四格）在……下面
про [前]（接四格）关于……
грани́ца, -ы 国界；界线
доброта́ 善良；友好
ра́доваться, -дуюсь, -дуешься 感到高兴，感到喜悦
предлага́ть, -га́ю, -га́ешь （及物）建议
тост, -ы 祝酒词
реше́ние, -ия 决定；决议
положи́ть, -ложу́, -ло́жишь （及物）放下；放在
мост, -ы́ 桥梁
че́рез [前] 通过；穿过
журнали́ст, -ы 记者；撰稿人
же́нщина, -ы 妇女
рабо́тница, -ы 女工
учёный, -ая, -ое, -ые 学者
провожа́ть, -жа́ю, -жа́ешь （及物）送；送行

навеща́ть, -ща́ю, -ща́ешь （及物）探视；探访
уважа́ть, -жа́ю, -жа́ешь （及物）尊重
че́стный, -ая, -ое, -ые 诚实的
терпе́ть, терплю́, те́рпишь （及物）忍受
лени́вый, -ая, -ое, -ые 懒惰的
жа́дный, -ая, -ое, -ые 贪婪的
приглаша́ть, -ша́ю, -ша́ешь （及物）邀请
удово́льствие, -ия 愉快；高兴
с ~ем 很高兴
забо́та 关心；牵挂；操心
администрати́вный, -ая, -ое, -ые 行政的
прови́нция, -ии 省；省份
прохла́дный, -ая, -ое, -ые 凉爽的
провести́, -веду́, -ведёшь （及物）度过
о́тпуск, -а́ 假期
со́лнечный, -ая, -ое, -ые 阳光充足的
о́стров, -а́ 岛
замеча́тельный, -ая, -ое, -ые 卓越的；优秀的；出色的
во́здух 空气
чи́стый, -ая, -ое, -ые 清洁的；干净的
проводи́ться, -во́дится, -во́дятся 举办
приезжа́ть, -жа́ю, -жа́ешь （乘行）来到；到达

фестива́ль, -и （艺术）节；联欢节
зарубе́жный, -ая, -ое, -ые 国外的，外国的
коммерса́нт, -ы 商人
зачем́ [副] 为什么
междунаро́дный, -ая, -ое, -ые 国际的
нау́чный, -ая, -ое, -ые 科学的；科研的
конфере́нция, -ии 会议；研讨会
каза́ться （本课）用作插入语
ка́жется, каза́лось 好像
япо́нец, -нцы 日本人（男性）
записа́ться, -шу́сь, -пи́шешься 登记
ку́рсы [复] 讲习班；训练班
Интерне́т 因特网，互联网
харби́нец, -нцы 哈尔滨人
роди́ться, рожу́сь, роди́шься 高兴
вы́расти, вы́расту, вы́растишь, вы́рос, вы́росла, вы́росли 成长；长大
прия́тный, -ая, -ое, -ые 可爱的；令人愉快的
ва́жный, -ая, -ое, -ые 重要的
промы́шленный, -ая, -ое, -ые 工业的
тра́нспортный, -ая, -ое, -ые 交通的
у́зел, узлы́ 枢纽；绳结
торго́во-экономи́ческий, -ая, -ое, -ие 经济贸易的
пешехо́дный, -ая, -ое, -ые 步行的

ВНЕАУДИТОРНЫЕ УПРАЖНЕНИЯ И ЗАДАНИЯ
(课外练习与作业)

 1. 将括号中的词变成第四格。

1) Вчера́ на вокза́ле я встреча́л (това́рищи, друзья́, певи́цы, роди́тели).
2) Там мы ви́дели (учёные, англича́не, солда́ты, бойцы́, ю́ноши и де́вушки).
3) Он идёт провожа́ть (де́ти, арти́стки, певцы́, арти́сты).
4) Я ча́сто вспомина́ю (свои́ ста́рые учителя́).
5) Они́ встреча́ют (иностра́нные друзья́) в аэропорту́.
6) Он до́лго ждал (свои́ това́рищи).
7) Мы хорошо́ зна́ем (э́ти изве́стные учёные).
8) Ты зна́ешь (мои́ бра́тья)?
9) Ра́зве вы не зна́ете (те де́вушки)?
10) Вся страна́ зна́ет (э́ти изве́стные писа́тели).

2. 用какой, чей的相应形式填空，然后用括号里的词回答问题。

1) ... дома́ вы ви́дите в э́том го́роде? (большо́й, ма́ленький, высо́кий, краси́вый, стари́нный)
2) ... дете́й вы ви́дите на пло́щади? (ма́ленький, краси́вый, кита́йский, ру́сский, симпати́чный)
3) ... сувени́ры покупа́ют де́вушки? (кита́йский, ру́сский, краси́вый, традицио́нный)
4) ... тури́стов спра́шивал гид сего́дня? (тот, э́тот)
5) ... слова́ ча́сто вспомина́ет Са́ша? (ваш, наш, мой, твой, его́, их)

 3. 用名词的复数形式回答下列问题。

1) Кого́ и́щет наш гид?
2) Кого́ хорошо́ зна́ет ваш друг?
3) Кого́ вы ви́дели на вы́ставке?
4) Кого́ вы провожа́ли в аэропорту́?
5) Кого́ навеща́ли ва́ши друзья́ вчера́?
6) Что вы лю́бите чита́ть?
7) Что чита́ют молоды́е лю́ди в свобо́дное вре́мя?
8) Кого́ ждут те де́ти?
9) Кого́ вы ча́сто встреча́ете на вокза́ле?
10) Кого́ вы ча́сто ви́дите в па́рке?

 4. 将下列句子译成俄语。

1) 他非常尊重我们这些年轻教师。
2) 我非常喜欢这些作家。

3) 他买水果去了。
4) 寒假时我们经常去看望老朋友。
5) 他经常在这个市场买菜。
6) 父母为孩子们感到高兴。
7) 感谢你们的关心。
8) 我提议为这次有意义的旅游干杯。
9) 哈尔滨的冰雪节吸引着大量的外国游客。
10) 昨天游客们在音乐伴奏下翩翩起舞,愉快地度过了美好夜晚。

5. 用кто он такóй (кто онá такáя, кто онú такúе) 续句子,并回答问题。

示例:—Ты читáл Крылóва?
　　 —Кто он такóй?

1) Вúдите ли вы тех молодúх людéй? Кто ...?
2) Ты знáешь ту дéвушку? Кто ...?
3) Ты знáешь тогó юношу? Кто ...?
4) Нúна, это твоя подрýга? Кто ...?
5) Вúдишь ли ты тогó старикá? Кто ...?
6) Вúдишь ли ты тогó мужчúну? Кто ...?
7) Не знáете ли вы ту жéнщину? Кто ...?

6. 用идтú 的适当形式填空,并翻译。

1) Товáрищ Лю ... на ýжин.
2) Дéти ... на вúставку.
3) Мой друг ... в гостúницу, а я ... в кафé.
4) — Кудá ... эти инострáнные гóсти?
   — Онú ... на пешехóдную ýлицу.
5) — Ты ... в ресторáн?
   — Нет, я ... в свой нóмер, потомý что я плóхо себя чýвствую.
6) — Кудá вы ...?　　　7) — Кудá ты ...?
   — Я ... в столóвую.　　　— Я ... домóй.

7. 用下列动词的适当形式填空。

проводúть
1) Где вы обúчно ... воскресéнье?
2) Вчерá мой друг ... весь день в бассéйне.
3) Молодёжь всегдá вмéсте ... врéмя в воскресéнье.
4) Лéтом однú турúсты ... врéмя на мóре, другúе — в санатóриях.
есть
1) Вся нáша семья ... рúбу.
2) Моя бáбушка хорошó готóвит пельмéни, и мы всегдá ... с аппетúтом (津津有味).

3) Вы часто ... мясо?
4) В воскресенье я всегда ... рис.
5) Какой суп ... ваш муж?
6) Каждый день ты ... хлеб?

 8. 记住下列动词的支配关系，并分别造句。

вспоминать кого-что, о ком-чём
петь что, о ком-чём
разговаривать о ком-чём
спрашивать кого, о ком-чём
смотреть на кого-что

говорить что, о ком-чём
писать что, о ком-чём
рассказывать что, о ком-чём
отвечать на что

 9. 背诵课文。

 10. 如果不困难，就请记住下列词汇。

贝加尔湖 Байкал
安加拉河 Ангара

东西伯利亚 Восточная Сибирь
休养胜地 знаменитый курорт

交际用语

Не волнуйтесь! 不要激动！
Не беспокойтесь! 不要担心！
Не огорчайтесь! 不要失望！

УРОК 9 (ДЕВЯТЫЙ)

ГРАММАТИКА

☞ I. 名词、形容词、代词单数第二格
☞ II. 第二格的用法（1）
☞ III. 要求二格的前置词

ТЕКСТ *Праздник Весны*

ГРАММАТИКА

I. 名词、形容词、代词单数第二格

1. 名词单数第二格
1) 阳性名词单数第二格词尾和阳性动物名词单数第四格词尾相同。

第一格	第二格	词尾
студе́нт парк	студе́нта па́рка	加 -а
геро́й Кита́й	геро́я Кита́я	-й 变 -я
води́тель слова́рь	води́теля словаря́	-ь 变 -я

2) 阴性、中性名词单数第二格词尾和复数第一格词尾相同（有些词重音不同）。

听录音请扫二维码

格\性	单数第一格	复数第一格	单数第二格	词尾
阴性	газе́та страна́ сестра́	газе́ты стра́ны сёстры	газе́ты стра́ны сестры́	-а变 -ы
	де́вушка дере́вня семья́ вещь	де́вушки дере́вни се́мьи ве́щи	де́вушки дере́вни семьи́ ве́щи	-а变 -и
中性	ме́сто окно́	места́ о́кна	места́ окна́	-о变 -а
	по́ле зда́ние	поля́ зда́ния	поля́ зда́ния	-е变 -я -ие变 -ия

注意：

① 某些名词变单数第二格时,重音移动,例如：стол — стола́, слова́рь — словаря́, врач — врача́。
② 有些名词单数第二格变化特殊,例如：мать — ма́тери, день — дня, оте́ц — отца́。
③ 以-мя结尾的中性名词的单数第二格词尾为-мени,例如：и́мя — и́мени, вре́мя — вре́мени。
④ 以-а,-я结尾的阳性名词的单数第二格词尾与以-а,-я结尾的阴性名词单数第二格词尾相同,例如：
де́душка — де́душки, дя́дя — дя́ди, мужчи́на — мужчи́ны, ю́ноша — ю́ноши。

2. 形容词单数第二格

阳性、中性形容词单数第二格词尾为-ого, -его,与说明动物名词的阳性单数第四格形容词词尾相同。阴性单数第二格词尾为-ой,-ей。

格\性	单数第一格		单数第二格		词尾
阳性、中性	како́й како́е	но́вый но́вое си́ний си́нее	како́го	но́вого си́него	-ого -его
阴性	кака́я	но́вая си́няя	како́й	но́вой си́ней	-ой -ей

形容词单数第二格词尾在ж, щ, ч, ш后,带重音时为-о́го, -о́й；不带重音时为 -его, -ей,例如：
большо́й — большо́го, хоро́ший — хоро́шего。

3. 物主代词、指示代词和限定代词весь的单数第二格

物主代词和指示代词阳性、中性单数第二格词尾为-его, -ого, 与说明动物名词的阳性单数第四格词尾相同。阴性单数第二格词尾为-ей, -ой。例如：

性\格		第一格		第二格	词尾
阳性、中性	чей чьё	мой моё твой твоё свой своё наш наше ваш ваше		моего твоего своего нашего вашего	-его
		этот это тот то	чьего	этого того	-ого
		весь всё		всего	-его
阴性	чья	моя твоя своя наша ваша	чьей	моей твоей своей нашей вашей	-ей
		эта та		этой той	-ой
		вся		всей	-ей

II. 第二格的用法(1)

1. 名词第二格放在另一名词之后，用来说明该名词的所属或特征，回答чей或какой的问题，例如：

1) —Чей это журнал? / 这是谁的杂志？
—Это журнал моего соседа. / 这是我同桌(邻居)的杂志。

2) —Чья это сумка? / 这是谁的包？ —Это сумка Нины. / 这是尼娜的包。

3) —Какой это человек? / 这是一个什么样的人？
—Это человек высокого роста. / 这是一个高个子的人。

2. 用быть的否定形式нет, не было, не будет表示事物不存在时，被否定的事物用第二格表示，试比较：

1) Анна в номере. / 安娜在房间(里)。 Анны нет в номере. / 安娜没在房间(里)。

2) У меня есть брат. / 我有一个兄弟。 У меня нет брата. / 我没有兄弟。

3) Вчера у нас была экскурсия в музей. / 昨天我们有参观博物馆的活动。(昨天我们参观了博物馆。)

Вчера у нас не было экскурсии в музей. / 昨天我们没有参观博物馆的活动。(昨天我们没有参观博物馆。)

4) Завтра будет дождь. / 明天有雨。 Завтра не будет дождя. / 明天没有雨。

Ⅲ. 要求二格的前置词

前置词 у, до, после, с, из, от, для 等要求第二格。

у 在……旁边；在……那里；……有

1) Я ждал друга у входа. / 我在入口处等朋友。　　2) Она стоит у окна. / 她站在窗前。
3) Я только что был у декана. / 我刚才在系主任那儿。(我刚从系主任那儿回来。)
4) У Анны нет билета на поезд. / 安娜没有火车票。　5) У меня болит голова. / 我头疼。

до 在……之前；到达……地方

1) До завтрака я немного бегал. / 早饭前我跑了一会儿步。
2) Второй автобус идёт до вокзала. / 2路公共汽车(通)到火车站。

после 在……之后

1) После ужина мы будем смотреть телевизор. / 晚饭后我们要看电视。
2) После экскурсии все пошли на обед. / 参观后大家都去吃(午)饭了。

с 从……；从……回来；从……时候起

1) Нина вернулась с почты. / 尼娜从邮局回来了。
2) С утра шёл дождь. / 从早上就(开始)下雨了。(雨从早上就开始下了。)
3) Мы начнём с вас. / 我们从您开始。

от 离开……；从……那里

1) Магазин находится недалеко от нашей гостиницы. / 商店离我们宾馆不远。
2) Я часто получаю письма от подруги. / 我经常收到女友的来信。

из 从……里面，来自……

1) Миша приехал из Шанхая. / 米沙来自上海。
2) Рано утром мы вышли из гостиницы. / 我们一大早就从宾馆出来了。

для 为了……

1) Он купил эти серьги для жены. / 他为妻子买了这副耳环。
2) Для чего вы это делаете? / 您为什么干这件事？

РЕЧЕВЫЕ ОБРАЗЦЫ

1. —Чья машина стоит там?

—Там стоит машина   вашего преподавателя
　　　　　　　　　　нашего соседа   .
　　　　　　　　　　господина Иванова

(Сергей, Алёша, наш директор)

2. У меня нет   ручки
　　　　　　　зонтика   .
　　　　　　　фотоаппарата

(сегодняшняя газета, карта города, компьютер)

3. Нет ли у вас ру́сско-кита́йского словаря́ / чи́стой бума́ги / моби́льника ?

(свобо́дное вре́мя, лека́рство от гри́ппа)

4. За́втра не бу́дет дождя́ / сне́га / си́льного ве́тра .

(ве́чер, экску́рсия, собра́ние)

5. —Отку́да прие́хали э́ти тури́сты?
   —Они́ прие́хали из Росси́и / Москвы́ / Пеки́на .

(Англия, Аме́рика, Фра́нция)

6. —Отку́да ты идёшь?
   — Из столо́вой / Со стадио́на .

(теа́тр, общежи́тие, рабо́та, вы́ставка)

7. —Скажи́те, где нахо́дится гости́ница «Восто́к»?
   —Она́ нахо́дится недалеко́ от универма́га / вокза́ла / це́нтра го́рода .

(городска́я больни́ца, теа́тр о́перы, медици́нский институ́т)

8. —От кого́ вы узна́ли об э́том?
   —Об э́том я узна́ла от мое́й подру́ги / на́шего преподава́теля / моего́ бра́та .

(мой оте́ц, Са́ша, перево́дчик)

ВОПРО́СЫ И ОТВЕ́ТЫ

1. —Это ва́ша фотогра́фия? —Нет, э́то фо́то моего́ мла́дшего бра́та.
2. —Чей портре́т виси́т на стене́? —Это портре́т изве́стного ру́сского писа́теля.
3. —В сре́ду у нас бу́дет экску́рсия за́ город?
   —Нет, в сре́ду у нас не бу́дет экску́рсии. Она́ бу́дет в четве́рг.
4. —Где нахо́дится кинотеа́тр «Росси́я»? —В це́нтре го́рода, на у́лице Го́голя.
5. —Како́й тра́нспорт идёт до це́нтра го́рода? —Четвёртый тролле́йбус и пя́тый авто́бус.

6. —Раньше здесь была больница? —Нет, раньше здесь не было больницы.
7. —Кого сегодня нет на занятиях? —Виктора нет.
8. —Вы приехали из провинции Ляонин? —Нет, я из провинции Хэйлунцзян.
9. —У вас есть мелочь? —К сожалению, мелочи у меня нет.
10. —У кого сегодня день рождения? —У Анны.
11. —Когда китайцы отмечают праздник Весны?
   —Каждый год в январе или в феврале.
12. —Как одеваются женщины и дети в праздник Весны?
   —Они одеваются в этот день в красное. Ведь красный цвет — символ этого праздника.
13. —Что делают китайцы накануне этого праздника?
   —Вся семья собирается вместе. Взрослые готовят ужин, все едят пельмени.
14. —Когда все поздравляют друг друга с праздником?
   —В первый день Нового года.
15. —Когда кончается праздник Весны? —15-ого января по лунному календарю.

ДИАЛОГИ

1. —Здравствуй, Лена! Ты откуда?
   —Привет, Коля! Я из университета.
   —А я с работы. Это твоя сестра?
   —Нет, это моя подруга. Её зовут Ира.
   —Очень приятно.

2. —Таня, вчера я был в гостях у Андрея. У него новая квартира.
   —Неужели? Большая квартира?
   —Комнаты очень большие и светлые.
   —Кухня удобная?
   —Да, очень удобная.

3. —Как себя чувствует ваш сын?
   —Спасибо, уже лучше.
   —А температура у него есть?
   —Нет, температура у него нормальная.
   —Значит, всё хорошо.
   —Да. Спасибо за заботу!

4. —Какие традиционные праздники отмечают в Китае?
   —Праздник Весны, праздник Луны и другие.
   —Праздник Весны? Что это за праздник?
   —Это Новый год по китайскому лунному календарю①, самый большой традиционный праздник в Китае.
   —А когда его празднуют?
   —В январе или феврале.

ТЕКСТ

Праздник Весны

Каждый год в январе или феврале китайский народ отмечает традиционный праздник — праздник Весны. Это первый день первого месяца нового года по лунному календарю①.

Красный цвет — символ этого праздника. Это символ счастья, символ радости. Женщины и дети одеваются в этот день в красное.

Праздник Весны — самый большой и любимый праздник в Китае. Люди не работают в течение недели②. Накануне праздника вся семья собирается вместе. Готовят праздничный ужин, едят пельмени, разговаривают, смотрят телевизор. Во многих домах не спят, веселятся всю ночь. На следующий день утром люди поздравляют друг друга с праздником③.

15-ого января④ по лунному календарю отмечается праздник Юаньсяо⑤. В этот день китайцы едят юаньсяо. Юаньсяо имеют круглую форму и символизируют счастье дружной семьи. В этот день заканчивается праздник Весны.

КОММЕНТАРИИ

① по китайскому лунному календарю 按中国的阴历
② в течение недели 连续一周
③ Люди поздравляют друг друга с праздником. 人们互相祝贺节日。
④ 15-ого января 一月十五号
⑤ праздник Юаньсяо 元宵节；正月十五

НОВЫЕ СЛОВА И СЛОВОСОЧЕТАНИЯ

юноша, -ши 少年
рост 身高
у [前](接二格)在……旁边；属于……
до [前](接二格)在……之前
с [前](接二格)从；从……开始
из [前](接二格)从……里
от [前](接二格)离……，从……；由于
для [前](接二格)为了……
серьга, серьги 耳环
стоять, -ою, -оишь 站立；停在

господин, -да 先生
фотоаппарат, -ы 照相机
сегодняшний, -яя, -ее, -ие 今天的
карта, -ты 地图
бумага 纸
грипп 感冒
  лекарство от ~а 感冒药
сильный, -ая, -ое, -ые 有力量的；健壮的
откуда [副]从哪里

приехать, -еду, -едешь（乘行）来到
Англия 英国
Америка 美国；美洲
Франция 法国
общежитие, -ия 宿舍
восток 东方
портрет, -ы 肖像
висеть, висит, висят 挂着；挂在
транспорт 交通工具

мéлочь, -и 小物品；[阴，集]零钱
рождéние 出生
день ~я 生日
отмечáть, -áю, -áешь (及物)庆祝；欢度
прáздник, -и 节日
~ Весны́ 春节
си́мвол, -лы 象征；标准
накану́не [副、前](接二格)在……前一天
пельмéни [复]饺子
поздравля́ть, -ля́ю, -ля́ешь (及物)祝贺
кончáться, -áется, -áются 结束

лу́нный, -ая, -ое, -ые 月亮的；月球的
календáрь, -ри́ 日历
прия́тно [副]很高兴地；很惬意地
неужéли [语]真的吗；难道
лу́чше [副]好一些
температу́ра 温度；体温
нормáльный, -ая, -ое, -ые 正常的
знáчить, знáчит, знáчат 意味着
традицио́нный, -ая, -ое, -ые 传统的
лунá 月亮；月球
счáстье 幸福

рáдость [阴] 喜悦；快乐
прáздничный, -ая, -ое, -ые 节日的
весели́ться, -лю́сь, -ли́шься 高兴；欢度
ночь, нóчи [阴]夜
юаньсяо 元宵
имéть, имéю, имéешь 拥有；有
кру́глый, -ая, -ое, -ые 圆形的
фóрма, -мы 形状
символизи́ровать, -зи́рует, -зи́руют (及物)象征

ВНЕАУДИТОРНЫЕ УПРАЖНЕНИЯ И ЗАДАНИЯ
(课外练习与作业)

 1. 用括号内的词替换句中斜体词。

1) Мы читáем кни́гу *Лу Си́ня*. (Пу́шкин, Тургéнев, извéстный писáтель)
2) На столé лежи́т кáрта *Мáши*. (Ви́ктор, Воло́дя, Николáй, Сáша)
3) Наш гид стои́т у *окнá*. (кáсса, вход, автóбус, дверь)
4) Я студéнт *пéрвого кýрса*. (пéрвая грýппа, Хэйлунцзя́нский университéт)
5) Вéра пришлá от *профéссора Ивано́ва*. (господи́н Петро́в, Анна)
6) Семья́ *моего́ дрýга* живёт в Пеки́не. (тот тури́ст, э́тот молодо́й человéк, та дéвушка)
7) Эти тури́сты приéхали из *Владивосто́ка*. (Япо́ния, Китáй, Санкт-Петербýрг)
8) У *э́того россия́нина* есть видеокáмера. (тот япо́нец, росси́йский коммерсáнт)
9) Гости́ница нахо́дится недалекó от *вокзáла*. (универмáг, нóвая больни́ца, автомоби́льный заво́д, кинотеáтр)
10) Об э́том мы узнáли у *нáшего руководи́теля*. (свой отéц, нóвый перево́дчик, моя́ сестрá, э́та краси́вая дéвушка)

 2. 用否定形式回答下列问题。

1) У вас есть рýсско-китáйский словáрь?
2) У тебя́ есть свобо́дное врéмя?
3) Есть ли у нас послéдний нóмер журнáла «Огонёк»?
4) Есть ли у тебя́ сего́дняшняя газéта?
5) У нас бу́дет экскýрсия в э́ту суббо́ту?
6) Бýдет ли сего́дня дождь?
7) Былá ли у вас прогу́лка?
8) У вас былá уборка?
9) У вас есть мéлочь?
10) Вéчером в пáрке бу́дет гуля́нье?
11) Вчерá в клýбе был фильм?

12) В воскресéнье у вас был пикни́к?
13) У вáшего дру́га есть путеводи́тель?
14) У вас есть фотоаппарáт?
15) У вас есть талóн на обéд?
16) У вас есть туалéт(厕所)?
17) У вас есть вáнная(洗澡间)?
18) У вас есть холоди́льник?

3. 互相提问，并回答问题。

1) Далекó ли от вáшего дóма до рабóты (университéта)?
2) Когдá вы выхóдите из дóма?
3) Есть ли прямóе сообщéние (直达车) от вáшего дóма до рабóты?
4) Какóй вид трáнспорта вы предпочитáете?
5) Кто из них преподавáтель рýсского языкá?
6) Кто из вас лю́бит салáт из моркóви и капýсты?
7) Что стои́т óколо двéри?
8) Что стои́т посреди́ кóмнаты?

4. 将下列词和词组连成句子。

1) Мой, друзья́, — студéнт, институ́т, рýсский, язы́к, Хэйлунцзя́нский, университéт.
2) Весь, мы, люби́ть, читáть, кни́ги, вели́кий, писáтель, Гóрький.
3) Пеки́н, столи́ца, Китáйская Нарóдная Респýблика. Это, сéрдце, наш, Рóдина.
4) В, э́тот, мáленький, гóрод, нет, музéй, и, библиотéка.
5) Наш, гости́ница, находи́ться, недалекó, от, центр, гóрод.
6) Я, чáсто, получáть, подáрки, от, свой, друг.
7) У, он, нет, лекáрство, от, грипп.
8) В, э́тот, гости́ница, нет, свобóдный, нóмер.
9) У, мой, подрýга, нет, кáрта, гóрод, Харби́н.
10) Этот, молодóй, лю́ди, приéхать, из, ю́жный, часть, наш, странá.

5. 用括号里的词替换斜体词，按示例进行对话。

1) — Прости́те, нет ли у вас *телефóнной кáрты*(电话卡)?
   — Возьми́те, пожáлуйста. А где вáша кáрта?   — Я еë забы́л в нóмере.
   (путеводи́тель, рýчка, зóнтик, бинóкль)
2) —Бы́ло ли у вас вчерá *собрáние*?   — Вчерá у нас нé было *собрáния*. Онó бýдет зáвтра.
   (банкéт, вéчер, дискотéка, экскýрсия)
3) —У вас есть *видеокáмера*?   — У меня́ нет *видеокáмеры*. У *моегó друга* есть.
   (фотоаппарáт — Сергéй; моби́льник — моя́ сестрá; чи́стая бумáга — товáрищ Ван)
4) — Почемý ты не пи́шешь?   — У меня́ нет *рýчки*. Я забы́л её в общежи́тии.
   (мéлочь, фотоаппарáт, моби́льник)

6. 按示例对句中划线词组提问。

示例：Это книга <u>американского писателя</u>. Чья это книга?

1) На столе паспорт и билет <u>Сергея</u>.
2) Это фотография <u>моей матери</u>.
3) Это стихи <u>молодого поэта</u>.
4) Там карта <u>того украинца</u>.
5) Это очки <u>нашего водителя</u>.
6) Это пальто <u>Наташи</u>.
7) На столе лежат серьги <u>моей сестры</u>.
8) Там стоит машина <u>нашего руководителя</u>.
9) Мы часто читаем романы <u>известного писателя</u>.
10) На столе лежит мобильник <u>моего папы</u>.

 7. 仿示例回答下列问题。

示例：— Откуда (от кого) ты вернулся?
　　　— От моего друга.

1) Откуда (От кого) ты пришёл? (моя подруга)
2) От кого это письмо? (мой старший брат)
3) От кого ты идёшь? (наш экскурсовод)
4) Откуда (От кого) ты вчера так поздно пришёл? (мой знакомый)
5) От кого вы узнали об этом? (наш гид)

 8. 选择适当的动词填空。

видеть, слышать, забывать

1) Саша всегда сидит впереди, потому что он плохо _____.
2) — Вы из ресторана? Сергей там? — Там я его не _____.
3) — Сегодня ты _____ декана? — Я его не _____.
4) Мой дедушка старый, но хорошо _____ и _____.
5) Ребята, не тихо ли я говорю, вы хорошо _____?
6) Моя бабушка очень старая, она всё быстро _____.
7) Я иногда _____ русские слова, поэтому плохо понимаю преподавателя.

  9. 翻译、模仿下列对话编写对话。

1) —Товарищ Ван пришёл?
　—Нет ещё.
　—Ты не знаешь, когда он будет здесь?
　—Наверное, через час.

2) —Здравствуй, Ира! Рад тебя видеть.
　—Здравствуй, я тоже рада видеть тебя.

3) — Доброе утро!
　— Привет.
　—У меня сегодня день рождения.
　—Поздравляю.

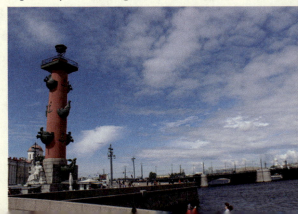

—Спаси́бо. Я приглаша́ю вас сего́дня в го́сти.
—Спаси́бо за приглаше́ние.

10. 将下列句子译成俄语。

1) —您带手机了吗？—没有，我没有手机。 2) 从前这里没有这些高层建筑。
3) 明天是谢尔盖的生日，我想给他买个礼物。 4) 很遗憾，昨天伊万没参加晚会。
5) 请问，汽车站在哪里？ 6) 为什么我的房间里没有茶杯？
7) 没有香皂了。我去商店买香皂。 8) 春节是中国最重要的传统节日。
9) 阴历正月十五是元宵节。 10) 除夕夜里我们全家人坐在一起吃饺子。

11. 背诵课文。

12. 记住表示家庭成员、亲属的名词。

дя́дя   叔叔，舅舅   тётя   姑姑，姨
племя́нник   侄子，外甥   племя́нница   侄女，外甥女
зять   女婿   неве́стка   儿媳妇；弟媳；嫂子

熟语和交际用语

Аппети́т прихо́дит во вре́мя еды́.
越吃越想吃。(转义：越干劲头越大。)
Счастли́вого пути́!   一路平安！

Повторение II

Упражнения и задания

1. 用括号里的词替换斜体词。

1) Сейчас мы идём (едем) в *театр*. (больница, компания, музей, гостиница, банк, деревня, центр города, город Сучжоу, санаторий, Москва, аэропорт, школа, парк, буфет)
2) Я еду на *вокзал*. (почта, пляж, площадь, остров Хайнань)
3) Вы едете на *фильм*? (собрание, работа, обед, экскурсия, балет, концерт, пекинская опера, вечер)
4) Сейчас они поднимаются *на гору Хуашань*. (телебашня, восьмой этаж)
5) Вчера эти туристы приехали *в Китай*. (Япония, Америка, Россия, Санкт-Петербург, Сиань, Пекин)

2. 用右边的词组续完句子。

1) Я часто вспоминаю ... .   своя бабушка, свой друг, свои учителя,
                              та маленькая деревня,
                              те дни, наш преподаватель

2) Мы едем в аэропорт   наш директор, знаменитые артисты,
   встречать ... .   наши профессора,
                              российские туристы

3) Утром я видел ... . иностранные гости,
твой товарищ, та красивая девушка,
наш новый инженер,
знаменитый певец

4) На картине я вижу ... . высокая гора, маленькие дома,
красивые девочки, синее море,
симпатичные дети

5) Вы знаете ... ? этот город, эти молодые люди,
тот турист, мой братья, его сёстры

6) Как зовут ... ? тот высокий мужчина, ваш водитель,
эти туристы, та медсестра, наш гид

7) Здесь я жду ... . наш автобус, дежурный, свой знакомые,
свои подруги, твой дядя,
те россияне

8) Ты видишь ... ? то белое здание, лыжная база, тот солдат,
те солдаты, те японцы

3. 用括号里的词组回答问题。

1) Кого вы часто навещаете? (свои родители, свои учителя, свой дедушка, своя мать)
2) Что он выбирает там? (рубашка, подарок, часы, изделия народного творчества)
3) Кого вы ищете? (наша переводчица, господин Алексеев, наш водитель)
4) Что сегодня туристы посещают? (новый промышленный район, та выставка, телебашня)
5) Что ты хочешь пить? (чёрный чай, циндаоское пиво, вино, кока-кола)
6) Что вы предлагаете посмотреть? (могила Цинь Шихуана, ледяные фонари, улица Гоголя)
7) Что вы слушаете? (лёгкая музыка, русские песни, русская народная сказка)
8) Что вы пробовали? (суп, каша, пельмени, манты)
9) Кого ждёт наш староста? (наш декан, Максим, Наташа, Сергей, Мария)
10) Что хочешь взять? (кофта, пальто, сучжоуская вышивка (刺绣), шуба, джинсы, словарь, ручка)

4. 选用动词 слушать, слышать 填空。

1) Когда гид рассказывал, туристы внимательно ... его.
2) Преподаватель говорит громко и медленно, и мы хорошо ... каждое его слово.
3) Мои друзья любят ... весёлую музыку. 4) В прошлое воскресенье мы ... концерт.
5) Я вас плохо ... , вы говорите очень тихо. 6) Об этом писателе я давно ... .

5. 连词成句。

1) Вчера, вечером, у, я, быть, гость.
2) Кто, навещать, ты, когда, ты, быть, в, Москва?
3) В, суббота, у, вы, быть, экскурсия, в, музей?
4) Вчера, он, плохо, себя, чувствовать, и, не, быть, на, работа.

5) В, музе́й, Гугу́н, храни́ться, многочи́сленный, це́нный, ве́щи.
6) В, Сиа́нь, обяза́тельно, на́до, посмотре́ть, Терракотовая а́рмия (兵马俑).
7) В, воскресе́нье, я, и, друзья́, быть, в, бар, и, пить, пи́во.
8) Я, е́хать, в, аэропо́рт, провожа́ть, иностра́нный, го́сти.
9) Что, вы, знать, о, Москва́?
10) Кто, вы, ча́сто, спра́шивать, когда́, вы, не, понима́ть, по-ру́сски?
11) Сучжо́у — мой, родно́й, го́род. Я, он, о́чень, люби́ть.
12) Наш, преподава́тельница, хорошо́, знать, ка́ждый, из нас.
13) Вы, не, знать, как, звать, наш, ру́сский, преподава́тель?

6. 回答下列问题。

1) Каки́е росси́йские города́ вы зна́ете?   2) Каки́х ру́сских писа́телей вы лю́бите?
3) Каки́е ру́сские пе́сни вы ча́сто поёте?   4) Каки́е телепереда́чи вы ча́сто смо́трите?
5) Когда́ вы смотре́ли бале́т «Лебеди́ное о́зеро»?
6) Где вы ра́ньше учи́лись?   7) Кака́я пого́да была́ вчера́? А сего́дня?
8) Что вы де́лали, когда́ шёл дождь?   9) Кто из вас не́ был в дере́вне?
10) Кого́ вы жда́ли вчера́, когда́ я вас ви́дела?
11) Кого́ вы ви́дели, когда́ вы шли в столо́вую?
12) Како́й день был вчера́? А сего́дня?   13) Когда́ у вас был докла́д?
14) Что вы де́лали на дискоте́ке?   15) В како́й день у вас был пикни́к?
16) Кто не́ был на экску́рсии в про́шлую сре́ду? Почему́?
17) Где вы бы́ли вчера́ ве́чером?   18) Когда́ вы обы́чно де́лаете убо́рку?
19) Каки́е сувени́ры вы предлага́ете купи́ть?   20) Каки́е места́ в Москве́ сто́ит посмотре́ть?

7. 用что тако́е或кто тако́й (така́я, таки́е)填空。

1) Вы ви́дите, ... там... ?   2) Я не зна́ю, ... посу́да.
3) Перево́дчик объясня́ет, ... ма́нты.   4) Зна́ете ли вы, ... она́... ?
5) Я до́лго ду́мал, ... он... .   6) Я спроси́л, ... они́ ... .
7) Скажи́те, ... чёрный чай?

8. 用前置词в或на填空。

1) Ка́ждый день я хожу́ ... стадио́н бе́гать.
2) ... аудито́рии о́чень ти́хо. Все студе́нты занима́ются.
3) Факульте́т ру́сского языка́ нахо́дится ... четвёртом этаже́.
4) Мой друг у́чится ... медици́нском институ́те.
5) ... э́той неде́ле у нас бу́дет экску́рсия на заво́д.
6) Собра́ние бу́дет ... пя́тницу по́сле обе́да.
7) Его́ брат рабо́тает ... фа́брике, а сестра́ ... кру́пной фи́рме.
8) Я люблю́ подо́лгу смотре́ть ... э́ту карти́ну.
9) Вы сде́лали мно́го оши́бок (犯了很多错误) ... дикта́нте.
10) Пти́цы летя́т ... юг. Зна́чит, пришла́ о́сень.

9. 将括号中的代词变成适当的形式填空。

1) У (я) есть номер твоего телефона.
2) У (мы) в университете есть большой клуб и современный спортзал.
3) У (тот) студентов завтра будет экзамен, поэтому сейчас они сидят и занимаются.
4) Я не знаю (этот) девушку и вижу (она) в первый раз.
5) Петя всегда заботится о (свой) родителях.
6) Мы хорошо знаем (этот) студентов и (тот) преподавателей.
7) Каждый день я жду (они) на (этот) месте.
8) (Он) хорошо знают (весь) жители.

 10. 续句子。

1) Мы приехали в Китай недавно (不久以前), поэтому ... .
2) Сергей хорошо знает город Щанхай, потому что ... .
3) Вчера я не была на экскурсии, потому что ... .
4) Сиань — крупный исторический город. Здесь ... .
5) Когда мы были в городе Сучжоу, ...
6) Стоит побывать в парке Ихэюань, там ... .
7) В воскресенье мы обычно отдыхаем, но в прошлое воскресенье ... .
8) Обычно утром он читает газету, а сегодня ... .

 11. 续对话。

1) — Что вы читаете каждый вечер?
— ... .
— Этот роман интересный?
— ... .

2) — ... ?
— Я предпочитаю футбол.
— ... ?
— Нет, теннис я не люблю.

3) — Вы любите весну?
— ... .
— А лето?
— ... .

4) — ... ?
— Я иду на спектакль. Идём со мной! (跟我一起去吧！)
— ... .
— Очень жаль.

5) — Что ты думаешь об этом деле?
— ... .
— Я тоже так думаю.

6) — Кто тот молодой человек?
— ... .
— А я думал, что это новый студент. Как его зовут?
— ... .

7) — Кого ты здесь ждёшь?
— ... .
— Он на собрании. Не жди его. (别等他了。)
— ... .

8) — Куда ты идёшь?
— ... .
— А что будешь делать вечером?
— ... .

12. 选择搭配（必要时，加前置词），并造句。

находи́ться	авто́бус
слу́шать	бадминто́н
сиде́ть	апте́ка
пла́вать	стул
идти́	вы́ставка
е́хать	река́
рабо́тать	му́зыка
игра́ть	заня́тия
стро́ить	экску́рсия
ждать	гости́ница

 13. 翻译下列词组。

спо́рить обо всём
принима́ть холо́дный душ
стра́стный путеше́ственник
чита́ть рома́н «Евге́ний Оне́гин»
гото́вить из ри́совой муки́

романти́чное вре́мя го́да
принима́ть лека́рство
краси́вая фигу́ра
промы́шленная ба́за

 14. 翻译下列句子。

1）中国人总是非常隆重地庆祝春节这个传统的节日。
2）除夕夜全家人一起包饺子，吃年夜饭。
3）元宵馅是甜的。
4）闲暇时我们喜欢争论一些问题。
5）夏天我们可以在河里游泳，在岸边晒太阳。
6）冬天我们滑雪，滑冰，打雪仗。
7）我是教师。我在北京大学俄语系工作。
8）我教俄语和俄罗斯文学。
9）每天早晨我都做操，洗冷水浴。
10）每天早晨都是妈妈做早饭。
11）回家的路上我去商店买水果和蔬菜。
12）每个人都有自己的爱好。
13）我喜欢听歌剧，看芭蕾舞。
14）我弟弟喜欢踢足球，打排球，下象棋。
15）南京是江苏的省会城市。
16）沈阳是重要的工业城市和交通枢纽。
17）每年夏天哈尔滨都举办哈尔滨经济贸易洽谈会。

 15. 选题目编短文。

1）Мой родно́й го́род
2）Мой люби́мый пра́здник
3）Моё люби́мое вре́мя го́да
4）Моё увлече́ние
5）День моего́ преподава́теля

生 词 表

（带半括号的词为语音导论课生词）

А

а	1
áвгуст	3)
автóбус	6)
администратúвный	8
актúвно	3
Амéрика	9
Áнглия	9
аптéка	5)
артúст	7)
артúстка	1
аспирáнтка	5
аспирантýра	4
аудитóрия	12)
аэропóрт	6)

Б

бáбушка	5)
банк	3
бар	4
баскетбóл	5
бассéйн	1
бéгать	2
бежáть	3
бéлый	12)
бельё	1
бéрег	3
беспокóиться	3
библиотéка	1
билéт	10)
блюдо	6
болéть	6
больнúца	9)
большóй	12)
брат	4
брать	2
брюки	1
бýква	6)
бýлочка	5
бумáга	9
буфéт	4
бýстро	2
быть	3

В

в	3
в течéние	9
вáжный	8
ваш	1
вéжливый	4
велúкий	8
вéрить	8
весёлый	8
веселúться	9
веснá	7)
веснóй	5
вéтер	9)
вéчер	7
вéчером	2
вещь	1
взрóслый	5
взять	7
вид	7
видеокáмера	5
вúдеть	5
висéть	9
вкýсный	12)
вмéсте	2
внук	3)
водá	3)
водúтель	8
возвращáться	6
вóздух	8
возúть	3
возражáть	5
вокзáл	9)
вон	1
вопрóс	6)
вопрóсы и отвéты	1
восемнáдцать	10)
вóсемь	6)
воскресéнье	9)
востóк	5
восьмóй	4
вот	1
врач	11)
врéмя	8)
всегдá	4
вслух	2
вспоминáть	4
вставáть	2
встрéча	7
встречáть	6
втóрник	11)
втóрое	6
второй	2
вуз	1
вход	6)
вчерá	4
вчерáшний	5
вы	3)
выраст́и	8
высóкий	1
выставка	5
выступáть	7
выходúть	4
выходнóй	7

Г

газéта	7)
где	7)
герóй	4
гид	1
глáвный	1
глубóкий	12)
говорúть	3
головá	6
горá	5
гóрло	11)
гóрод	1
городскóй	5
господúн	9
гостеприúмный	4
гость	7
готóвить	3
граждани́н	6
граммáтика	1
гранúца	8
грипп	9
грóмко	2
гря́зно	5
гулять	2

Д

да	2)
давнó	2
дáже	3
два	3)
двáдцать	9)
двенáдцать	10)
дéвушка	11)
девятнáдцать	10)
девя́тый	4
дéвять	10)
дéдушка	6
дежýрный	6
декáбрь	11)
декáн	1
дéлать	2
день	6
дéньги	7)
дерéвня	1
дéрево	1
дéсять	10)
дéти	7)
дéтство	3
диалóг	1
дирéктор	6
для	9
днём	8)
до	9
добротá	8
дождь	11)
доклáд	5
дóктор	6
дóлго	4
дом	2)
дóма	2)
домáшний	6
домóй	4)
доскá	3)
достопримечáтельность	3
дочь	3
дрéвний	1
друг	6)

161

другой	4	звонить	3	карта	9	курица	6
дружный	2	звонок	3	кататься	5	курс	4
думать	2	здание	11)	кафе	12)	курсы	8
душа	4	здесь	9)	кафедра	6	кухня	7
дышать	3	здоровье	11)	квартира	5	кушать	2
дядя	6	зелёный	12)	кино	4)		
		земля	5	киоск	3	**Л**	
Е		зеркало	2	китаец	1	ладно	7
его	1	зима	7)	Китай	4)	лапша	5
её	1	зимой	5	китайский	4)	лёд	8
есть	3	знать	2	китаянка	8	лежать	3
есть	3	значить	9	классический	5	лекарство	6
ехать	5	зонтик	7	клуб	1	лекция	7
		зоопарк	7	книга	11)	ленивый	8
Ж		зуб	6	когда	2)	лететь	3
жадный	8	зубной	7	колбаса	5	лето	8)
жареный	7			командировка	5	летом	9)
жарко	5	**И**		коммерсант	8	лист	5
ждать	4	и	3)	комната	1	литература	4
жёлтый	12	игра	7	компания	3	лифт	8)
женщина	8	играть	2	композитор	10)	лишний	7
жизнь	3	идти	2	компьютер	1	ложиться	6
жить	2	из	9	кондитерская	4	луна	9
журнал	7	известный	7	конечно	8)	лунный	9
журналист	8	извинить	7	конференция	8	лучше	9
		или	8)	концерт	3	лыжи	5
З		иметь	9	кончаться	9	любимый	7
за	8	имя	10)	коньки	5	любить	3
забота	8	инженер	1	коридор	3	любовь	4
заботиться	3	иногда	5	корпус	1		
завтра	6)	иностранец	1	костюм	4	**М**	
завтрак	6	иностранный	4	который	2	магазин	10)
завтракать	2	интересно	7	кофе	7)	мама	2)
загорать	11	Интернет	8	красиво	2	марка	7
задание	6	искать	4	красивый	12)	март	11)
заказывать	4	исторический	4	красный	5	маршрут	3
заканчиваться	6	история	3	крем	7	математический	4
зал	1			крепкий	2	машина	1
замечательный	8	**К**		кричать	3	медленно	2
заниматься	2	каждый	6	кровать	3	медсестра	1
занятие	6)	казаться	8	круглый	9	международный	8
записаться	8	как	1)	крупный	4	мелочь	9
зарабатывать	2	какой	4)	кто	1)	меню	6
заранее	4	какой-нибудь	7	куда	2)	место	4
зарубежный	8	календарь	9	купаться	11)	месяц	3
зарядка	6	капуста	5	купить	7	минута	4)
зачем	8	карандаш	1	курить	3	младший	9)

мно́го	7	но́вый	4)	отли́чно	7	по́весть	5
моби́льник	6	но́мер	7)	отмеча́ть	9	пого́да	6
мо́жно	5)	норма́льный	9	о́тпуск	8	под	8
мой	1	ночь	9	о́тчество	10)	пода́рок	8
молодёжь	6	ноя́брь	11)	официа́нт	8	подмета́ть	6
молодо́й	8)	ну́жно	5)	о́чень	8)	подру́га	7)
молоко́	1			очки́	1	поду́шка	6
мо́ре	5	**О**		оши́бка	6)	по́езд	7
Москва́	3)	о	3			пожива́ть	2
мост	8	обе́д	6	**П**		по́здно	7)
мочь	4	обе́дать	2	пальто́	1	поздравля́ть	9
мужчи́на	1	обе́денный	6	па́мятник	3	пока́зывать	5
музе́й	1	обожа́ть	7	па́па	2)	покупа́ть	5
му́зыка	3	общежи́тие	9	парк	7)	пол	3
мы	2)	объясня́ть	3	па́ртия	4	по́ле	1
мы́ло	7	обяза́тельно	7	па́ста	7	поликли́ника	1
мыть	6	о́вощи	4	певе́ц	8	по́лка	4
мясно́й	6	овощно́й	4	певи́ца	5	положи́ть	8
мя́со	4)	одева́ться	2	педагоги́ческий	4	полоте́нце	7
		одея́ло	6	Пеки́н	7)	понеде́льник	11)
Н		оди́н	7)	пельме́ни	9	по–неме́цки	3
на	3	оди́ннадцать	10)	пе́нсия	6	понима́ть	2
на́бережная	6	одна́жды	5	пе́пси	5	поня́тно	6
наве́рное	7	одни́..., други́е	3	пе́рвое	6	портре́т	9
навеща́ть	8	одноку́рсник	7	пе́рвый	1	по–ру́сски	2
на́до	7	о́зеро	1	переводи́ть	7	посеща́ть	5
накану́не	9	окно́	2)	перево́дчик	6	по́сле	6
нале́во	1	октя́брь	11)	перево́дчица	5	посо́льство	3
напра́во	1	олимпи́йский	7	переме́на	3	посу́да	6
наприме́р	4	он	1)	переодева́ться	6	пото́м	6
напро́тив	1	она́	2)	переры́в	6	по–францу́зски	3
наро́д	6	они́	4)	петь	2	почему́	8)
наро́дный	4	оно́	2)	пешехо́дный	8	по́чта	3
настрое́ние	12)	о́пера	5	пешко́м	2	поэ́тому	7
нау́чный	8	о́сень	5	пикни́к	7	появля́ться	5
находи́ться	1	о́сенью	5	писа́тель	10)	по–япо́нски	3
начина́ться	6	остана́вливаться	4	писа́ть	2	пра́здник	9
наш	1	остано́вка	4	пить	2	пра́здничный	9
небольшо́й	2	о́стров	8	пла́вать	2	предлага́ть	8
неде́ля	4	о́стрый	7	пла́кать	2	преподава́тель	10)
не́жный	5	от	9	пла́тье	11)	преподава́ть	6
немно́го	2	отвеча́ть	2	пло́хо	2	при	3
нет	4)	отде́л	4	плохо́й	12)	приве́тствовать	2
неуже́ли	9	отдыха́ть	2	пло́щадь	3	приглаша́ть	8
ничего́	7	оте́ль	4	пляж	11)	приезжа́ть	8
но	1)	оте́ц	5)	по-англи́йски	2	прие́хать	9
но́вость	5	отку́да	9	побыва́ть	4	принима́ть	6

приятно	9	родители	9)	симпатичный	5	сувенир	6
приятный	8	родиться	8	синий	4	судьба	4
про	8	рождение	9	сказка	5	сумка	3)
проверять	6	роза	1	сколько	8)	суп	4)
провести	8	роман	8	следующий	4	супермаркет	10)
провинция	8	романтичный	5	слишком	5	счастливо	2
проводиться	8	россиянин	1	словарь	8)	счастливый	4
провожать	8	рост	9	случиться	4	счастье	9
прогноз	7	ручей	5	слышать	3	сын	3)
продаваться	4	ручка	1	смотреть	3	сыр	7
продавец	8	рыба	6	сначала	6	сюда	5)
продуктовый	4	рынок	6)	снег	5		
продукт	6	рядом	1	снежок	5		
промышленный	8			собирать	7	**Т**	
просить	3			собираться	2	так	1)
профессор	6	**С**		собрание	5	такси	5)
прохладный	8	с	9	современный	1	там	1)
путешествовать	4	сад	3)	сок	3)	танец	7
пятнадцать	10)	садиться	7	солдат	8	танцевать	2
пятница	9)	салат	6	солнечный	8	таять	5
пятый	4	самолёт	3	солнце	11)	твой	1
пять	5)	санаторий	4	соревнование	7	театр	7)
		санки	5	сосед	5)	текст	5)
		свежий	1	спасибо	5)	телевизор	12)
Р		светить	5	спать	4	температура	9
работа	3	светлый	1	спектакль	7	тепло	7
работать	2	светофор	8	спорить	3	терпеть	8
работник	4	свидание	7	спорт	7	тетрадь	5
работница	8	свободный	5	спортивный	1	течь	5
рабочий	6	свой	4	спрашивать	2	товарищ	6
радоваться	8	себя	6	среда	11)	тоже	9)
радость	9	север	11)	ссориться	4	томатный	6
раз	4	сегодня	8)	стадион	1	торгово-экономический	8
разговаривать	2	сегодняшний	9	стакан	2	торт	4
разноцветный	5	седьмой	4	старательно	2	тост	8
рано	6)	сейчас	8)	староста	1	тот	1)
раньше	4	семнадцать	10)	старший	9)	трава	5
рассказ	6	семь	6)	статья	5	традиционный	9
рассказывать	3	семья	2	стена	3	транспорт	9
ребята	2	сентябрь	11)	стирать	7	транспортный	8
ректор	1	серый	4	столица	3	третий	3
ректорат	1	серьга	9	столовая	8)	три	10)
ресторан	3	сестра	2	стоять	9	тринадцать	10)
речевые образцы	1	сигарета	7	страна	1	троллейбус	4
решение	8	сидеть	3	студент	7)	туда	2)
рис	7	сильный	9	студентка	1	турист	8
рисовать	2	символ	9	суббота	11)	тут	1)
родина	3	символизировать	9			туфли	1

тушёный	7	учиться	1	хотеть	3	шестнадцать	9)
ты	2)	уютный	2	художник	5)	шестой	4
тысяча	7					шесть	9)
						широкий	12)
У		**Ф**		**Ц**		школьный	4
у	8	фабрика	3	цвести	5	шуметь	3
убирать	7	факультет	1	цветы	9)	шумно	5)
уборка	7	фамилия	10)	центр	3	шутить	3
уважать	8	фестиваль	8				
увлечение	7	фигура	7	**Ч**		**Э**	
удобный	4	физический	4	чай	9)	экзамен	6)
удовольствие	8	филологический	4	часто	8)	экономический	4
уже	5)	философский	4	чей	8)	экскурсия	5
ужин	6	фильм	4	человек	8)	этаж	1
ужинать	6	фирма	3	через	8	это	2)
узел	8	форма	9	чёрный	4		
улица	1	фотоаппарат	9	честный	8	**Ю**	
умываться	2	фотография	5	четверг	11)	юаньсяо	9
универмаг	7	Франция	9	четвёртый	4	юг	4)
университет	9)	фрукты	7)	четыре	10)	юноша	9
урок	6)	футбол	5	четырнадцать	10)	юридический	4
утренний	6			чистить	6		
утром	2	**Х**		чистый	8	**Я**	
уходить	6	харбинец	8	читать	2	я	4)
учёба	3	хлеб	4	что	8)	яблоко	1
учебник	1	хобби	7	чувствовать	6	язык	4
учебный	1	ходить	3			январь	11)
ученик	6	хозяин	12)	**Ш**		японец	8
ученица	8	холодильник	12)	шампунь	7	ярко	5
учёный	8	холодный	6	шапка	5)	ярмарка	8
учитель	1	хорошо	6)	шахматы	8		
учительница	1						

任课教师，可通过填写下方的"教师联系表"，加盖所在系（院）公章，以发送电子版图片、扫描件或纸质邮寄的方式，联系北京大学出版社，<u>免费获取本教材教学课件</u>：

教师联系表

教材名称	《俄语1》（第2版）			
姓名：	职务：		职称：	邮编：
通信地址：				
手机：	Email：		QQ：	微博：
任职学校：			/系（章）	
学校地址：				
教学科目与年级：				班级人数：

电子版可发送至：pup_russian@163.com

纸质邮寄：北京市海淀区成府路205号 北京大学出版社 外语编辑部

邮编：100871

咨询电话：010-62759634